THE
Exchanges on Truth
GOOD
Fiction and Psychotherapy
STORY

好故事

关于真实、虚构与心理治疗的对谈

J.M. COETZEE

ARABELLA KURTZ

〔南非〕J.M.库切〔英〕阿拉贝拉·库尔茨 著

文敏 译

人民文学出版社
PEOPLE'S LITERATURE PUBLISHING HOUSE

著作权合同登记　图字 01-2021-1697

图书在版编目(CIP)数据

好故事/(南非)J. M.库切,(英)阿拉贝拉·库尔
茨著;文敏译. —北京:人民文学出版社,2021
　ISBN 978-7-02-016956-6

　Ⅰ. ①好… 　Ⅱ. ①J… ②阿… ③文… 　Ⅲ. ①社会心
理学-通俗读物 　Ⅳ. ①C912.6-0

中国版本图书馆 CIP 数据核字(2021)第 010847 号

责任编辑　卜艳冰　李　翔
封面设计　钱　珺

出版发行　人民文学出版社
社　　址　北京市朝内大街 166 号
邮政编码　100705

印　　刷　山东临沂新华印刷物流集团有限责任公司
经　　销　全国新华书店等

开　　本　890 毫米×1240 毫米　1/32
印　　张　7
字　　数　110 千字
版　　次　2021 年 6 月北京第 1 版
印　　次　2021 年 6 月第 1 次印刷

书　　号　978-7-02-016956-6
定　　价　49.00 元

如有印装质量问题,请与本社图书销售中心调换。电话:010－65233595

没故事的"好故事"

Ye shall know the truth and the truth shall make you
free.

你们必晓得真理，真理必叫你们得以自由。

——《圣经·新约·约翰福音》8：32

在接到库切这本最新著作的翻译委托之前我对它一无
所知，亚马逊网上只挂着最基本的简介，与书上扉页无异。
我还以为这是一部造型别致的心理学小说，当然不可能是
阿加莎·克里斯蒂或东野圭吾那种，但说不定是向陀思妥
耶夫斯基《罪与罚》的致敬之作——毕竟库切那么推崇陀
氏。再不然就是哲思与心理分析治疗情节的混搭？……最
后读下来结果完全出乎我的预料。如果你也跟我一样打算
在《好故事》中搜寻到通常意义上的"好故事"，趁早死了
这条心。但如果你想了解库切与心理学家寻求的哲学意义
上的"好故事"，那不妨来与作者一起深聊一下究竟何为
"真实"（truth）。

文学意义上的好故事是什么？开篇库切问心理学家库

尔茨：

　　什么是一个好故事（一个看似合理，甚至是令人信服的故事）的特性？当我把自己的人生故事说给他人听的时候——甚而言之，我对自己讲述我的人生故事——我是应该迅速跳过那些风平浪静的时间段，而浓墨重彩地描述发生事端的时间段，使叙事更为有型，并营造一种期待和悬念呢，还是相反，以一种中立、客观的态度，尽可能道出某种臻于法庭标准的真相：真正的事实，完整的事实，毫无保留的事实？

　　如果我没理解错的话，他是指某些特定的人生中"有故事"的那些部分，发生了什么事情，可以讲述的故事。而那一部分是否真实，是他需要与心理学家讨论的问题。要命的问题就是，"真实"是什么？同样一件事发生了，不同视角与不同叙述者对此会有不同表达。那么哪一个才是"真实"？同一件事，同一个人，年幼时与年老时的回顾也会大相径庭。于是作为一个叙述者，库切再次向心理学家发问："我和我的生活经历之间是什么关系？我是我生活经历有意识的作者呢，还是我应该把自己仅仅置于发声的角色，尽可能不干预从我内心流淌出来的词语细流？最重要的问题在于，鉴于我保持在记忆中的丰富素材，一生的素材，哪些是我应该，或必须略去的？弗洛伊德的警告是，那些未经思索删除的记忆（例如，无意识的思考），也许恰恰是抵达有关我的至深真相的关键所在？但是，从逻辑上来看，如何确定哪些是我未经思索而删除的记忆呢？"

好问题！它引出了另一方向的问题：一个小说家，而非新闻记者或传记作家所追寻的"真实"究竟是什么？是作为自己生平回顾的真实吗？如果我们认为通常意义上作家隐藏在作品背后，那么作品的真实是否就是作家想要表达的真实？再说，小说的"真实"指的又是什么？

与库切对话的心理学家阿拉贝拉·库尔茨是心理学家，她在英国国民保健体制内的司法精神健康部门担任过要职，目前为莱斯特大学的高级心理学导师。还需要补充一点：她是个文青。她的第一个回答大致意思是：可能只有精神分析才能抵达"至深的真相"，或者，更审慎确切的说法是，分析对象叙述当中的阻力是，一段真实的人生经历，在孩童、青少年及成年人等不同年龄段所呈现的叙述是会不一样的。弗洛伊德认为，自由联想法是诊疗室中能够呈现无意识经历的最佳方式，但在心理医生的临床经验中，它却未如人所期待的那般奏效。病人被要求尽可能随意地说话，不必考虑通常的社会规则以及是否精确，但他／她通常会发现，自由表达能够抵达何种程度其实是相当受限的——即使是在自己意识的私密之处。这确使我们看到**心理防卫**对于个体的作用，这是大部分心理治疗中面临的实质性挑战（两人的对谈涉及了相当多的专业术语，如：心理防卫、抗拒、退行，在本书后附有专业术语表加以解释）。

好了，这两段对话奠定了本书的基调：心理学在库切是被用来表达的工具，而在心理学家，那是她的专业所长，是用来研究的工具。所以在我看来，两人的对话表面上互有呼应，但同时也在"各说各话"。

库切借心理分析这一工具来表述自己对真实与文学艺术、群体与个体、历史与当下关系的思索。至于心理分析与文学的关系，库切在书中说明：

> 要创作一部这样的小说，人物自始至终的整个人生完全由虚构支撑，那是很困难的，也许是不可能的。我们完成一部小说毕竟离不开那些虚构。作为一种体裁，小说似乎在其主张中具有某种本质性的东西，即事情并非表面呈现那样，我们表面上的生活其实并非真实的生活。至于心理分析学，我得说，它与小说在这方面有某种相似之处。

他的意思是"完全的虚构"不可能存在，"虚构的真实"倒有可能是更高层次的"真实"，文学理应是更高层次的"真实"。鉴于人们总是把他的《男孩》《青春》《夏日》称作"自传三部曲"，他自己则一再坚持这是"外省生活场景"的描述。他特意为浙江文艺出版社最新出版的三部曲写了中文版前言：

> 这一三部曲的诞生受到列夫·托尔斯泰《童年》《少年》《青年》模式的影响。第一部作品出版于1997年，当时有两个稍有差异的版本：一个是全球版，另一个面向南非市场，在后一个版本里，隐去了某些人名并删节了若干段落。在南非发行的版本之所以作了删削，并非碍于检查制度，而是避免对某些人的冒犯。……"外省生活三部曲"大致勾勒我本人三十五岁之前的生活轮廓。许多细节是虚构的。就这点而言，我并非遵循某种特定的套路。作为作者，我很乐意读者能将它们当作虚构作品来阅读。

可是，三部曲的扉页照片都出自他本人：《男孩》中，是母亲维拉，与年幼的他和弟弟大卫在一起；《青春》中就是青春飞扬的他屈起一腿蹬在栏杆上的潇洒留影；《夏日》的照片更是广为人知的那张已经发表了成名作的成年照了，明喻了他个人生活历程与作品之间的关系。母亲维拉，在《男孩》中就叫维拉；两兄弟，他是长子；《青春》也差不多重合了他离开南非之后在英国的生活场景。到了《夏日》，库切将《男孩》《青春》那种虚实相间、扑朔迷离的回忆录风格更推进一步：采用了置之死地而后生的写法，把自己作为死者，虚构出另一位传记作家来追寻他自己迷雾一团的中年生涯。

小说中的传记作者从他残存的日记中选定了五位相关的人物进行采访，他们分别是：库切的某任情人朱莉亚、库切的表姐玛戈特、库切曾追求过的舞蹈老师阿德瑞娜、库切在开普敦大学教书时的好友兼同事马丁，以及另一位同事兼情人苏菲。我们知道小说中传记作者要写一本作家库切的传记，但是搜取作家资料的方式有很多种，为什么偏偏要用访谈的形式呢？作家的信件、日记和笔记完全也可以作为撰写传记的资料。对此的解释是："库切自己写下的东西不能被采用，不能作为一个事实记录——并非因为他是一个'撒谎者'，而是因为他是一个小说写作者。在他的信中，他给他的通信者虚构了一个自己。在他的日记里，他为了自己或是为了后代的缘故，同样有许多的虚构。作为文件，这些材料是有价值的，但如果想在精心编织的虚构背后看到真相，你就得去找那些跟他直接有过接触的、还活着的人。"没有比这个回答更为巧妙地解释同为"虚构作品的写作者"写下的《夏日》了。但是，如果作者虚构了自己的一切，那么那些与作者有过真实接触的人就能保证他们所见与叙述的真实性吗？至少在访谈中，他们谈到的作家面目都各不相同，各人分别看到的是作家生活、爱情、写作、政治等不同侧面的印象，把这些不同的印象组合到一起，能在多大程度上还原作家的真实面目呢？他们的回忆一定真实吗？如果说谎言也是构成真相的一部分，那就要看你对"真实"与"谎言"的理解了。

英国作家朱利安·巴恩斯 2016 年创作的《时代的噪音》(*The Noise of Time*) 描写了苏联作曲家肖斯塔科维奇的一生。开头的场景是 1937 年站在电梯口等着被逮捕的肖斯塔科维奇。事情的起因是 1936 年，斯大林去看他的歌剧《姆钦斯克县的麦克白夫人》的演出，中途退场，之后《真理报》发表《是混乱不是音乐》的社论，他被当局招去审问，加上许多音乐家、艺术家在那个时代莫名其妙地消失，所以，他断定自己也将被逮捕。他不想让妻子和不到一岁的女儿目睹他的被抓，所以，他每天晚上都拎着箱子在电梯口抽烟，等着人来抓他。这是许多人都认可的关于肖斯塔科维奇的一个场景。但是，肖斯塔科维奇生前从来没有自己提过此事，是他去世后家人朋友说起的，所以，这件事没有经过史学家的考证或得到完全的证明。如果写历史或传记，作者至少得注明此事是不确定的，但是在小说中，巴恩斯认为此事可以当成历史事实来写。在一个专制独裁统治下的国家里，历史真实是很难得到确切梳理或确认的。例如，审讯肖斯塔科维奇的人的名字到底是什么，根据不同的材料，有三种不同的拼法，巴恩斯在后记中把这个问题提出来，并把三个名字都列了出来。其后《伦敦书评》上刊登了一位历史学家对此书的评论，文章题目用的就是这三个名字，她把小说家和历史学家对比，抱怨小说家有太多臆想和杜撰的自由，又说她知道准确的名字是什么，如果是评论一本历史著作，她会说出来，但因为是评论一本小说，她就不屑于把这个确切的信息告诉小说家了。但是，"传记和历史结束的地方，就是小说的开始"，在历史研究与传记难以触及之处，恰恰就是文学能够抵达的地方。

话说到此，我倒想知道以"好故事"的名目来追寻"真实"，究竟意欲何为？读者可以看到库切在讨论完回溯真相之后话锋一转直指心理学治疗的核心意义：通过回溯过往来修复人们心理中的黑暗阴影，从此可以坦然面向未来，重新建设生活了。真的可以这样吗？库切问心理学家，你现在让病人回忆一个真实的故事，试图教导的却是相反的道德：

> 我们的人生可以根据自己的愿望加工和重塑，过去只是过去，秘密可以被随意埋葬和遗忘。这样的故事能够成立为一个故事吗？我们是否可以用这样的句子给这故事结尾，"他的秘密被遗忘了，他从此过上了幸福生活"？

> 但是如果真正的秘密，那种讳莫如深的秘密，有关秘密的秘密，确实被埋葬了，而我们从此真的可以过上幸福生活了，那会如何？如果试图埋葬的是俄狄浦斯式的大秘密呢？换个说法，如果我们的文化，甚至就人类文化总体而言，形成了这样的叙述模式，即表面上不鼓励隐藏秘密，而私底下却希望埋葬不能令人满意的秘密：秘密可以被埋葬，过往历史可以被抹去，正义不能统摄人心，那会如何？

> 我愿意相信天理正义，这里有一只眼睛在看着天地万物，违反戒律最终不能逃脱惩罚。

书的末尾，库切与库尔茨着重讨论了 W.G. 塞巴尔德的小说《奥斯特利茨》。如果说那些会思索灵魂拷问的读者都应该读一下陀思妥耶夫斯基的话，塞巴尔德则适用于所有读者，它关系此书的主要议题：人与历史的真实。

当年南非的真相委员会努力寻求历史真相，为要承担起和解的重任。与历史和解，远远不止说出真相那么简单。但说出真相，却是重建宽容、多元社会最重要的第一步。获得赦免，有两个条件：申请人需对其曾参与的罪行进行全面的供述和忏悔；同时，要证明他们最初的行为是出于政治目的。赦免委员会将考虑一系列因素，以最终决定申请者是否满足这两个条件。委员会会考虑客观上的具体行为、主观上的过失或故意，与其声称的政治目的之间的关系，尤其是为达成所谓目的所采取的行动是否符合"比例原则"。任何出于个人私利、私人恩怨而犯下的罪行，则不得被赦免。那些最残忍的罪行要获得赦免，大量尘封的细节就必然要曝光，因而选择"以真相换赦免"的人，必然有足够的理由担心被起诉。早期几个针对种族隔离时期罪行的司法审判备受关注，被告人被定罪，且面临长期徒刑，这直接导致赦免申请数量的激增。然而，当另一个极其重要的审判——前国防部长马格努斯·马兰与其十九个同僚最终被判无罪时，被公诉的威胁就显然不足以迫使那些高级别的责任人诉诸赦免之路。

既然人间真相与赦免无法避免欺骗枉法，那就只有求诸"天理正义"了。库切在《凶年纪事》中，专门有一章"论诅咒"令我印象深刻：

> 诅咒就是在那一刻突然降临的：有权势的人犹豫了一下，对自己说，人们说，如果我干这种事儿，我和我的家庭就会受到诅咒——我还要这么干下去吗？然后自己回答说，呸！根本没什么神灵，不会有带来什么诅咒的东西！不敬神的人把诅咒带给了他的后代；反过来，他的后代则诅咒他的名字。

而我想知道这诅咒是在对真相绝望之前，还是之后？

这就来到了陀思妥耶夫斯基的领域：如果没有上帝，没有一个绝对位格的存在，一切真伪的判断，所有不安的感觉，都将来自何处？天主教的告解与心理治疗中的倾诉区别在于倾诉对象的无限性与有限性。善有善报，恶有救赎，人间有慈悲，金庸的武侠世界会让人心存美好，但库切不是，他绝不安慰失意者，天真者也无法从他那里得到鼓励，他带领读者走到真相的悬崖边，而后自己抽身离去。

作者手记

 以下交流是关于心理分析精神疗法的一些实践，以及这些实践在更广泛的社会乃至哲学领域里的意义。交流涉及了在临床与非临床环境下，个体和群体的不同心理过程。鉴于我们身处这个世俗时代，西方世界的精神疗法如此盛行，以及人格成长的典范已经成为一种时代精神（zeitgeist），我们希望这些交流能够超越精神分析学的专业范畴，与普通读者发生关联。

 交流的想法源自一位临床心理治疗师。这位心理治疗师需要与一个心理学学科的圈外人一同进行一个精神疗法的临床实践。于是，这里便出现了一位富有同情心的作家兼文学评论家。宽泛而论，这位心理治疗师和这位小说家有许多共同点，至少他们有着共同的兴趣。他们对于人的天性和人类体验都深为关切，也同样关注人格成长与发展的可能性。

 心理治疗师与作家的工作介质都是语言。他们致力于探索、描述和分析人类的体验，致力于寻找或创造那些能够承载体验的语言和叙述结构，也致力于体验的外部极限。

这些始于 2008 年的深思熟虑的理性交流,一方面显示出心理治疗师的兴趣受到小说作品的很大影响(例如,《迈克尔·K 的生活与时代》中关于迈克尔·K 对抗精神压抑的凝练生动的叙述,就传递出内心一种完全不同于精神疗法的视点);另一方面则反映了作家有兴趣深入了解精神疗法对话的后宗教模式。

本书是这些探讨的第二个文本。第一个文本发表于《杂录》(*Salmagundi*)第 166—167 期(2010 年)第 39—72页,标题为《可是,我的同情却在卡拉马佐夫们一边》。

这些交流秉持跨学科精神与探索精神而行。它们并非总是按照线性思路展开。它们有时会有重复与自行诘难之处,也会回归持续关注的问题,它们追求那种无法一直把握进展方向的思维方式——所有这一切,只是希望能够在精神分析治疗实践中,以及在更广泛的社会模式意义的精神疗法项目上,在此处或彼处打开不同寻常的新视角。

作者对下列人士致以衷心的谢意,他们在文本起草阶段提出过有效意见并对相关论点发表过宝贵看法,他们是:尼克·埃维瑞特、茱丽安·维特斯、奥尔娜·海达瑞、玛戈特·威达尔和戴茜·伊万斯。

A. 库尔茨、J. M. 库切

关于临床样本的使用说明

本书中使用的临床样本均以匿名方式披露细节，以保护患者隐私。采用化名而非获取病人许可的做法，是为了不干扰病人的治疗进程。

术语汇编与参考文献

文中粗体字在术语汇编中有释义说明。标有星号处，读者可查阅参考文献。

1
ONE

作为撰写人物人生故事的作者，对比仅仅作为人生故事的陈述者。创作一个好看的故事，对比讲述真实的故事。

心理治疗师是这些故事最为悉心的聆听者。倾听与分析叙述中的抗拒情绪。其中治疗的目的在于：释放病人的自由表达能力，以及病人的叙述性想象。

❖

J.M. 库切（以下简称 JMC）——什么是一个好故事（一个看似合理，甚至是令人信服的故事）的特性？当我把自己的人生故事说给他人听的时候——甚而言之，我对自己讲述我的人生故事——我是应该迅速跳过那些风平浪静的时间段，而浓墨重彩地描述发生事端的时间段，使叙事更为有型，并营造一种期待和悬念呢，还是相反，以一种中立、客观的态度，尽可能道出某种臻于法庭标准的真相：真正的事实，完整的事实，毫无保留的事实？

我和我的生活经历是什么关系？对于我的生活经历而言，我是有意识的作者，还是应该仅仅作为一个讲述者的角色，尽可能不干预从自己内心流淌出的言语细流？最重要的问题是，怎样处理记忆中保存的大量素材，一辈子的素材，哪些东西我应该删除，或者说必须略去。弗洛伊德的警告却是，那些未经思索而被删除的记忆（例如，无意识的思考），难道不是抵达自我深层意识真相的关键所在？但是，从逻辑上来说，又该怎样确定哪些是我未经思索而删除的记忆呢？

◆

阿拉贝拉·库尔茨（以下简称 AK）——我想，也许只有精神分析才能抵达深层意识的真相；抑或，更审慎更确切的说法是，分析其中的抗阻因素，以使个人故事得以在任何一个节点上呈现出来——因为这是一种连续过程，具有全方位、连贯性和啮合性特点。一个真实故事所包含的体验，在幼童时期、青少年时期以及成年人等不同年龄段的叙述是不一样的。

弗洛伊德认为，自由联想法是心理诊疗室中能够达到无意识经历呈现的最佳方式，不过在我的经验中，它却未如人们所期待的那般奏效。病人被要求尽可能地随意言说，不必考虑通常的社会准则以及是否精确，但是通常会发现，自由表达能够达到何种程度，其实是受到限制的——恰恰止步于自己内心的私密之处。这确实使我们看到**心理防卫机制**的个体作用，乃至付诸对**抗拒**的分析，成为大部分治疗中的实质性挑战。

关于精神分析，有一种思路是说这一方法旨在对叙述或自我经历的想象的自由释放。如果我们遵循这一思路，那么像你这样的作家就有可能对"在心理诊疗室中叙述"这一形式提供见解与看法。

◆

JMC——好吧。那么让我来问一个使我困惑已久的问题。作为一个临床心理治疗师，是什么促使你希望你的病人去面对他们自身的事实真相，而不是与一个故事合作或"勾结"——这个故事，我们不妨称之为小说，但是一种自我赋能的小说——这故事难道不会让病人对自己产生良好的感觉，以致认为自己足以在这世界上拥有更好的爱情和工作吗？

一个更进一步的同类问题是：是否所有的自传，所有的人生叙事（不是虚构小说），至少在这种意义上，都是一种建构（虚构一词 fiction，来自拉丁文 fingere，意为形成、产生）？这里我不是说自传是自由产生的，我们可以随心所欲地编造自己的生平故事。我是说，在创作自传时，我们经历的自由就好像在梦境中一样，在梦里，我们植入自己的叙述形式，即便是受到那些我们无法清晰自知的力量的影响，但也都是基于对现实的记忆。

正如我们彼此都知道的，各种自助式治疗相当清楚地表明，其目的是让被治疗者对自己感觉良好，如果真相难以应对，那就倾向于无视真相的准则。一般来说，我们不太看得起这样的治疗。我们会说，他们的治愈，只是看起来治愈而已，治疗对象迟早会在现实面前碰壁。可是，如果我们依照某种社会共识，不把事实戳穿，而是像某些心理治疗团体所做的那样，确信彼此的幻想，情况将会怎样？这样就没有在现实面前碰壁这档子事了。

在自由开明、后宗教文化中，我们倾向于把叙述性想象视为我们内心的一种良性能力。但是还可以用另一种方式来看待这件事，根据我们许多人生活中的自我叙述经历：作为一种能力，我们以往常常详尽描述最适合自己和自己圈子的故事，这种故事替我们以往和当下的行为方式做辩护，在这种故事中，我们总体无甚大错，而其他人却总是不对的。当这种自我叙述在现实面前公然碰壁时，我们作为观察者，将此归结为治疗对象受到了迷惑，治疗对象的想象所产生的自我真相与实际真相发生了矛盾。所以，治疗者的职责之一，是否应该让病人明白，他们不能随意编织自己的人生故事，编造自我会导致现实世界中的严重后果。

◆

AK——不过，关于个人生活叙事，你所说的那种过于自助的方式，是会带来某种脆弱、脆性趋向，而损害其自身的。你不妨把心理治疗师的行为当成悉心倾听与有选择的评议二者的结合——似乎不在于评议生活故事的方方面面，而是暗示潜在故事的可能性。这就是当我说我认为心理治疗师是帮助释放想象的意思。

我想问你，作为一个作家，你认为通过"面具叙述"（mask-narratives）去寻找真相，是否能够产生共鸣？我的意思是，如果某事物在其自身内在逻辑上完全真实，又能符合其外部表象，却并非以透明或直截了当的方式呈现，那么真实就在于一种诗意的感觉，或是情感的真实。作家们知道准确而另辟蹊径地探求某些事物的最佳路径，或是有意尝试新的手法，往往颇具创意；我相信心理治疗师也可以从这里边学到一点东西，或是重新建立这种意识；或者说，这种未经检验的方式，在我们共同经验范围内，至少有可能找到共同认知的真实，就是那些可以认定和已经沉淀的真相。

　　我确实相信，那些更出色的心理治疗师，就像是更好的、更富有同情心的倾听者一样，会更加注意一种叙述的内在连贯性——未说出口的欲望和挫折，它们逐渐以不连贯的，以及形式与内容的分裂呈现出来——而很少加入他们自己与外界的关系，诸如外界某个环境真实性的说法，或是生活本来应该如何的先入之见。

2
TWO

作家，以及他们关于真相不确定（也许是自以为不确定）的观点。记忆的可塑性。校准记忆对比突袭记忆储备以重写人生故事。自创性的魅力。释放自我创造的社会后果。

病人在交会性治疗过程中的真实。动态的（变化中的）真实。治疗师的调解人角色。主体间性的真实。共鸣。情感作用，心智作用。分享社会阅历，作为对不计后果的自我创造的约束。艺术课程。作为主体体验的艺术作品的交会。学习自如地安身于自己的观点之中；一个临床案例。

❖

JMC——我感觉有必要进一步强调我最新提出的那个问题：心理治疗师的目的（我故意不说"心理治疗的目的"）

是要让病人面对自己生活的真实故事，还是向他们提供他们自己的生活故事，以使他们能够更充分地生活（即更幸福地生活——按弗洛伊德理论——重新获得情爱与工作能力）？心理治疗在临床实践中能有多大的变通余地？当然，治疗师总是渴望理想的结果，耐心地寻求整个真相，能够为病人所接受的全部真相；但鉴于时间与费用的限制，治疗师难道不是往往只得勉强接受一个差强人意的结果，并非全部的真相，而只要能让病人回到正常运作状态就算万事大吉？

当我阅读弗洛伊德那些不那么悲观的言述时，我确实听见了他的回应，在我看来，那种对策似乎成了丝毫不能质疑的路径：你们应该知道真相，真相使你们获得自由[1]。我的问题是：如果治疗目的是让病人得自由，那么真相是通往自由的唯一途径吗？如果目的只是让病人重返人生轨道，那么是否某个版本的真相——不像"全部真相"那样广泛全面，或者也许会被当下的诉求（病人生活中的即时诉求）所裁剪——达不到这种功效？

我发现这个问题亟待解决，因为至少在柏拉图时代，对诗人（就是那些编造故事的人）的指控是说他们首要之

---

[1] 这句话套用《圣经·新约·约翰福音》8：32："你们必晓得真理，真理必叫你们得以自由。"——译注（本书脚注均为译注）

务并非忠于真实。诗人通常为自己辩护说，他们的确崇尚真义，但是什么算是"真"，他们有自己的定义。而他们的定义一旦被审视，"真"的标准往往就变得含糊多义。诗歌的"真"准确地（如实地）反映了这世界的一部分真相，不过也部分地反映了内心的和谐、优雅，以及诸如此类——换言之，满足了某种自主的美学原则。

柏拉图反对诗人的要义在于，如果要在"真"与"美"之间抉择，诗人们随时可以牺牲"真"。而柏拉图反对诗人的要义是，"美"就是它与生俱来的"真"。

在任何作家的创作实践中，你几乎都能发现那种"美即是真"的描述。"这种故事可以说是我编出来的，但考虑到某种难以解释的因素，必须顾及其内在的关联性、合理性，以及社会正义和历史必然，等等，它毕竟在感觉上显得真实，或者说至少表达了我们生活中的某种实情，乃至我们生活在其中的这个世界的某种真实性。"

柏拉图说，诗人总是劝说我们接受他们所说的那种真实，劝说我们接受诗歌的全套伎俩和叙事策略。这样一来，诗人就像是那种雄辩家，他们的目的不是抵达真实，而是把你拽到他的思路上去。

我再回到心理治疗的情形。是什么阻碍我，像一个治疗师那样，确定这样一个目标：用病人告诉我的故事，去匹配一个令人信服的（表面上说得通的）叙述——迄今为止，病人既往生活的叙述？又怎样去印证一种颇有说服力的、或许延续到以后的叙事线条的概要——病人也许能够以那样一种方式在世上有滋有味地投入情爱与工作？

显而易见的答案是：我自己对真相的执着阻碍了我。但实际上，真相——全部真相——能够不经过无止境的分析而直接获得吗？如果，无止境的分析不可操作，那么何不就干脆接受在一定意义上有效的某个版本的真相？

◆

AK——对于你的问题，可以简便地回答"是"，当然，你必须满足这个有效版本的真相。不过我的经历往往告诉我：真相多半**就是**有效的——我不能真正赞同你所描述的可操作性与真相之间的对立。首先，人们找上门来咨询心理治疗师的时候，往往已经被所有那些貌似可信的常识性解释以及所有可以利用的实用性辅助手段搞得精疲力竭了。治疗师有必要帮助病人往深处寻找病源，直到挖出他们为何如此不快乐的原因，之前的办法之所以未能奏效，通常是因为无法面对那些痛苦或是困难的事情。只有这些被揭示出来，尽管是不完美或是不完整的，却让人感到真实。

不是那种历史或科学意义的真实，也不是哲学意义的真实，而是情感上的真实。

我想更多地说说有关心理治疗中真相的本质，因为我认为这才是至关重要的。让我们思考一下，在一个人的眼里，他的父母的形象——就先单说母亲的形象，是随着他人生的发展而不断变化的，因此，在心理治疗的谈话中，他能够辨别出自己不同时期母亲的不同形象：婴儿时期、孩童时期、少年时期、青年时期、为人父母的时期、中年时期，等等。那么似乎在我看来，如果将此视为生活叙事在治疗中展开的样本，那就不存在某种确定的、客观的，而且是步步为营获取的真相——在此案例中，是那人的母亲，以及她的过去和现在的真实状况。如果是这样的话，至少，那就不是我能理解的心理治疗了。更进一步说，治疗师和病人要努力理解病人在意识里所经历的形成亲密关系的方式，是基于这样的重要视角：病人在自身发展、需求、性格、人际关系中的天性表露，以及所亲历的外部处境等方面，处于什么阶段。由于这个原因，心理治疗中的真相一直处于某个变数之中，它源于一个有机生命体的视角，而生命体的内部及外部特征会随着时间变化而变化，即便在细枝末节上。

举例而言，你是否可以考虑一下，病人是如何为了保护自己不受对母亲失望的影响而将自己母亲理想化的，关键是要帮助病人去探究这种情感逻辑，并理解在他们关系中自己适合哪种方式，以及作为结果的意识障碍是如何向前推进的。你也许可以通过去除失真与扭曲，揭示能让病人感觉身外世界更真切更实在的某种方式来达到这种效果。但是，作为治疗师，你只有通过帮助病人理解内心世界，通过对自身需求的理解而去除对失真的需求——而不是过多呈现外部世界来达到效果（在我看来，后者的情形很危险地接近某种导致病人寻求心理治疗的责难与否定性的情感经历）。

真相，在精神分析的心理疗法中是指内在真相——存在于病人内心和意识中的真实，通过心理治疗而被感知——如果你有此幸运——被理解。因为正如你始终注意到病人是一个感知体，以自己独特的方式感受这个世界，帮助他们更好地了解自己，在这种关系中，相对于病人这个对象，治疗师自身其实也是一个感知与感觉的主体。在这种方式中，治疗映射了包括所有主体与客体的知识和理解，它对病理意义的模型建构的探究留出了适当的同情与情感谐调。

所以，精神疗法，至少是我的疗法所指向的真实，总是动态的、临时的，以及主体间性的。这其中包括了一种关系，旨在回溯内心经验，以帮助病人尽可能完满地生活在这世上。我想，它还基于这样一种信念：我们不能完全通过他人来了解和理解我们自身——我们通过感受他人的方式，我们自身亦在与他人的关系之中，这也是他人感受我们的方式。

这是我读你的《夏日》（*Summertime*）那本书所想到的。

◆

JMC——在你的表述中，显而易见偏重于临床实践积累的长期经验，以至于我感觉做出回答都有些局促不安。无论作为临床对话的哪一方，我都没有这些经验来支撑自己的看法，我提出的案例（我甚至怀疑那是否可以称之为案例），在我看来似乎抽象到了幻想的地步。但不管怎么说我还是想继续探讨下去，尽我最大可能。

让我先提一个哲理上的问题。什么是事件的本身？相对于"事件"，是我们自己对"事件的本身"做出诠释，还是他人（尤其是权威人士）为我们做出的诠释？"我八岁时，我父亲曾用网球拍揍我。"一位谈话对象是这样说的。"这不是真的，"他父亲这样说，"我挥动球拍时无意中碰到了他。"真相到底是什么？具体而言，到底是这男孩记忆中的事件是真的，还是他父亲说的是真的？我把这称为记忆，但这其实是一种过度简化的记忆：这是受制于某种诠释的记忆痕迹。我甚至可以继续发挥下去，牵制这种记忆痕迹的阐释的背后是一种想要做解释的意愿（就男孩而言，也许是一种就此事件做出最黑暗解释的意愿，而就父亲而言，是一种做无恶意解释的意愿）。暂且不去考虑做解释的意愿，我们如何将记忆的部分从阐释中分解出去？是否有可能表达——哲理意义，却也是神经病学意义上的——未受阐释影响的、原真的记忆？

就在最近，我读了乔纳森·弗兰岑的一篇文章，他在文中说到，为新书宣传接受了一次又一次的专访，他觉得自己必须从中脱身出来，否则对专访中喋喋不休脱口而出的那些人生叙事自己都快信以为真了。我得解释一下他的说法，他在专访中所说的并非不真实，但是对自己人生的一次次重复叙述，挖掘得太深，他可能很快就会失去从其他角度阐释（回忆）自己人生的自由。

将人生故事视为可以根据当下需要（以及心愿）自由阐释的记忆纲要，在我看来这似乎是作家思维方式的特征。我想以此对比许多人看待自己人生故事的方式：作为一段历史，它已被永久锁定（"你不能改变过去"）。奇怪的是，我们中又有多少人想要锁定自己的人生故事，对我们自己，或是对别人，一再重复地讲述，而听众不管是谁都更偏爱阐释后的故事。

一周之中任何一天，你坐在公交车上，耳边总能听到锁定某个历史片断的琐碎样本，类似这样的聊天："我对她说过……她对我说过……我对她说过……"

你写下变化的方式，其中有人也许能够根据自己的年龄或个人发展阶段回视过去，你使用的词语是"视角"（perspective）。我认为你我相距并不太远。治疗师遇到"普通的"这个概念，是指某人的过去（更确切说，某人过去的故事）是不可改变的，必须将它视为一种障碍去体验。

正如我之前所说，使我对这些锁定的人生故事产生兴趣的，与其说是进入那些故事的路径，不如说更多是因为那些被疏忽的东西。

我估计疏忽的意思就是**压抑**，以这种理论而言，似乎那些疏漏的点点滴滴仍然留在记忆的某个黑暗深处。我知道人类大脑容量很大，但真的大到能容下所有那些疏漏的东西吗？难道说我们遗漏的总量等于宇宙的一切减去我们这一小部分？我们将这些遗漏，因为我们认为它们是不相关的。这是指与当下不相关，我们更喜欢去阐释过去。

所有这一切引导我回到你的建议，你说心理治疗师也许能够向作家（这里指虚构作品的作者）学点什么，怎样把目标确定于（或至少满足于）某种人生叙述的真实性是诗意的（很难有一种术语来界定它——随后你又写了"内心和意识中的真实"，这也许是，也许不是同一回事）而并非实用主义的，符合现实的。

我很愿意同意这一点，甚至可能被说服：比方说治疗师也许可以促使病人自由操控自己的人生叙事；这种自由感或掌控感，以及由此而获取的成效，也许比故事本身更重要。

但是问题来了，我们真的想要进入这样一个社会吗？每一个你周围的人都通过他们的表演（扮演某种角色）为自己构建个人神话（"诗意的"真实），"想成为什么人就是什么人"。莫非我们真的相信人类想象是一种永恒不变的力量？在百分之九十九的案例中，人类的想象难道多半不是有赖于从流行的商业节目中撷取陈词滥调吗？

人们要借此达到什么目的，我不太清楚。一方面，我对这世界的前景表示担忧，在这个世界里，人们的自由观念包括了无拘束地重新建构个人历史的自由，而不必担心受罚（对**现实原则**的担心）。另一方面，如果某些深陷痛苦之人因重建个人故事而得以重振信心，给人生来一个逆袭，又有谁会反对呢？

在第一个设想中，事实在我看来似乎最终是重要的。我们不能喜欢认为自己是什么人就是什么人。在第二个设想中，事实对我来说似乎不那么重要。如果能让我们感觉好一些，无关紧要的谎言又有什么关系？（谎言样本之一：我们去世，会在另一个世界醒来，更好的世界）

请帮我解答这个问题。

◆

AK——我肯定要试试！

允许我推测一下，在你的案例中，我听出那种心理替代物的意思是：那种与外在真实环境的关系，是以字面意义来解释的——完全的自由阐释，因而具有超越性，超越我们的经验（我想，我们把这称为精神需要，使用的词汇诸如"认清现实"和"面对现实"）；另一方面，在协调和分享真相意识淡薄得令人畏惧的环境中，人们彼此隔绝，因为他们专注于幻想，以及用最方便的方式说出自己的故事。

我们作为人，生活在这世上有一种感觉是缺失的：在这种描述中，似乎我们仅仅存在于自己的意识中，或者在某种意义上从未存在过。外在与内在的体验互相抑制，毫无关联。

　　纯粹的、外在的现实——指某个事情发生的场所，以及事情的本身——在任何情况下都不是我凭直觉所能了解的，除非是以一种似乎被迫和完全抽象的方式。我只能以自己的经验为基础来进行判断——还能有什么别的办法？——从这种经验出发，完全是一个观念问题，不管是独有的还是共享的。我的意思是，它发生在生命体的意识中。但是，如果经验存在于生命体的意识中，而反过来说生命体牢牢存在于我们共享的世界中——这个存在着岩石、树木、河流、混凝土建筑、车辆以及他人的世界。所以，我想说的无论如何都不是否定共享的经验，不是否定那些被归为真实的或常识的东西，而是一种关于我们认知的非常简单的观察。是祈求让我们作为主体而生存的这个世界能有坚实的地基。

　　是艺术家们——歌手、画家、作家们——给我最多的启发，关于主体与主体间体验的本质；他们告诉我，我们如何必定能成为我们自己，前提是只要我们有足够的信心意识到这一点；我们不得不受他人——我们的先辈及同辈的影响，只有这样我们才能开始认知。

　　我喜爱的艺术似乎这样对我说："看看你周围发生的一切——所有这丰富的一切，那些细节和色彩，它的美和它的丑；不要停下来，还要思考你所看到的；另外，不要忘记，是你在看，是你从你的位置和你所在的地方在看——其他人也一样。完全占据你所处之地。"

后者的要求，立足于某个视角的要求——尽可能在意识上理解和承认所有的困难及其复杂性——在我看来似乎是 21 世纪后现代精神分析实践的核心。这里的重点是，我们所有的人都有某种视角——当然不是一成不变，而是处于变换和发展中——我们可以选择，在对自己叙述的人生故事中，具有或多或少的真实性。我们不能简单地以你所描述的自我测定的方式以某一视角替代另一视角；如果我们这样做，那就要付出相当大的代价。

我想起一个遭受过童年创伤的人，在那个案例中，他被父母某一方遗弃，他主要应对的办法是将令人不快的经历从意识中排除出去，以消解创伤。在一定程度上，他知道发生在自己身上的事情，确定自己生活中含有童年心理创伤并对此心知肚明，即使限于一定的深度和范围。但他一直在创伤中挣扎，将此视为对自己的全面冲击，以及在人生各个阶段都产生不同影响的情感经历。作为一个孩子，他无力解决遗弃这件事，他发现要克服这种悲惨经历似乎是要做点什么——要使出一些手腕，在某种程度上可以这么说。一路折腾下来，他却发现自己陷入了**强迫性重复**，无意识地、反反复复地尝试修复内心的精神状况，却又于事无补。他到处寻求温情与认可，却无法找到他所寻求的东西，因为童年被遗弃和被忽视的情感并没有在意识上得到承认。简言之，其实他并不知道自己在找寻什么。这不是自由，而恰恰是相反——自由是可以挑选自己喜爱的人生版本，某种程度上就像是从树上采摘果子。

精神分析提供的自由，是来自一个有意愿又有经验的他人的帮助，去探索并发展属于自己的视角，没有限定和抑制，尽可能顺其自然。自由，对我来说，这就像是一种真实，即便有时候是可怕的。但这里有一个悖论，接受了这种自由，人们发现了自己某些方面的经历，那就无法逃避——而人们总是想要逃避。

3
THREE

记忆——神经系统对过往经历的追溯——真的不可改变吗？难道我们不能随心所欲地编造记忆，用以取代压抑的记忆，从而让自己的感觉更良好？如果我们反对人们编造自己过往的经历，难道只是出于纯粹而简单的道德考量？传统的精神分析，以及它所声称的我们不能随意来抑制感觉不良的记忆。不良行为的样本：肇事者竭力消除不良记录的努力，注定失败？是否可以说，这种主张并非建立在终极正义（公正）信念之上？

心理学理论怎样看待记忆？程序上的记忆相对于插曲式的记忆。清晰表达记忆的体验。真实生活中病人寻求心理治疗帮助的困境：困难在于如何自洽地编造自己的人生故事；一种自我的碎片化感觉；无力将情感融入记忆。精神分析的理论以及它对于防卫策略（分裂、设计、压抑）的细致微妙的疗法。用于帮助治疗心智生长的压抑对比给心智生长设置障碍的压抑。

❖

　　JMC——精神分析理论的这一方面，我称之为记忆痕迹（对此我仍有纠结），这也许是区分真实人生和虚构人生、真实人物和书中人物的关键所在。

　　关于真实与虚构的问题，我觉得你对我有所误解。我提出的问题并非以下面两点为支撑：1.超越我们行事范围（我也许会把它称之为本体）的自由阐释的真实；2.自己随意创造的真实应称之为幻想。其一肯定是幻想；但另一点却是出自人们的成长经历而固着于自我常态的某种感觉（记忆编织以往的经历），超乎人们的控制。

　　我还无法理解的是（在经验主义的精神心理学层面，甚至在神经学层面），人们的记忆为什么不可更易——为什么它们不应该被修正，再给予一次机会，甚至以极端的方式干脆将之抹去，或是被令人更为满意的记忆所取代？

　　我倒不认为我的问题是如此低级：为什么我不能安装一套比原有的记忆更适合自己的新记忆？抑或，改用一个说法：即使我好不容易安装了一套新记忆——有了一个新的过去——它在实际生活中能起作用吗？为什么它可能起不了作用？

我提出这个问题时，脑子里出现这样的例子，即成年人是如何不断守护着从孩提时代就产生的记忆："难道你不记得……"也许我该谨慎以我自己为例，不过我可以宣称，对于自己四岁之前的事情，如果没有得到特别的提示，确切说，如果未经我母亲的言语提醒，或是未由母亲为我特意攫取的某个镜头，我是没有记忆的。"你不记得了？那是你三岁生日的时候。当时我们住在沃伦顿那幢又老又丑的房子里，晚上热得要命，蚊子整夜嗡嗡叫个不停。"

我的大腿根部有一道疤痕。这疤痕就在那儿，肯定发生过什么事儿。但我唯一的记忆只能由我母亲提供，她告诉我那是 1942 年发生的一个事故，我缝了三针，要不就是四针还是五针。"可是你非常勇敢，你没哭。"于是我就成了那种不哭的小男孩。这就是一个例子，植入的记忆会产生影响未来的力量。

我这个问题中，关于记忆被擦去或替代的阻抗情形，肯定会有一个标准答案，因为这是一个显而易见的问题。但即使不知道标准答案，我也可以预见自己会对此有抗拒。我的记忆的可塑性简直太强了。

我还没有领悟你的主要观点，也就是必须顾及要求的观点（比如，要求立足于你自己的视角）。在这种要求背后，我似乎发现了某种伦理的命意，尽管你确实说过，这可能在常识的基础上被证明有理。如果你选择某个幻觉视角，那么迟早要在真实世界付出代价。

我承认，在这个问题上，许多伟大的小说家站在你这一边。爱玛·包法利试图过上一种幻想的生活（试图过上她青少年时期艳羡的小说女主人公那样的生活），但是世界不允许。

可是，如果你的选择不像爱玛那么大肆折腾呢？如果你编撰出来的过往故事并未导致你与现实世界发生冲突，只不过使你的过去显得更有趣一些，因而也许能使自己更开心一些，那会怎么样？你肯定不能否认现实世界中有这样的人，他们不喜欢既定的过去，想要用更好的故事来取代它，那会怎么样？

我承认，我也倾向于认为这种操作方式是"错"的。在这方面我是福楼拜一派的。但是我很难摆出理由，说它为什么是错的。

所以，如你所见，我仍在纠结之中。

◆

AK——我也同样有着你说的关于记忆的可塑性的感受。其实，依我看，在这一点上想得越多，似乎记忆过程的固有本性就越具可塑性。

我问自己，记忆是什么？它是个什么东西，它又是怎么来的？这一术语按其编码形式归类，或代表着各种不同经验（例如，有声音记忆、视觉记忆、感官记忆等），照应整个生命过程的认知与发展。在最基本的层面上，我们都需要记忆，是为了把握最基本的行为指令，我们在整个生命过程中持续使用记忆来作为对经验的反应方式，并能从中学习。从这个角度来看，确定我们的人生故事的需求，也许很大程度上是对过去教训的演练予以修正驱动的一个方面，是对我们目前现状的含蓄指示。

心理学文献确定了两种主要记忆体系：一是程序性记忆，是非语言性的，能够在诸如走路、攀登、驾驶等动作序列中体现出来；另一是片断式记忆，与口头语言相关，更精确地说，是叙述术语——这一类记忆，我们可赖以向自己及他人叙述发生之事况。片断式记忆依靠的是语言表达，所以，一般认为四岁之前的孩子不可能存在这类记忆，这完全符合你的经验，而程序记忆的运行却是从生命一开始就有了。

此刻，我在写一份关于每周治疗的详细笔记，用于和一位临床主管的讨论，通常要写四至五页长。如果我在完整的疗程后马上坐下来写，没有经过筛选审核，就会感觉好像什么都没记住，因为一个治疗阶段的原始资料是杂乱无章的。如果治疗告一段落的几小时后我再开始写，我意识中自身印记已经开始在互动中成形，使之更有可能建构一个疗程记录。我通常都能意识到，我不可避免地、有选择性地关注对我来说有意思的，或同这一案例其他观点相关联的一些方面。这个疗程的某些方面被删去了，另外一些部分则在报告中被特别强调。我注意到要记住治疗的某个特定部分非常困难，或者说我对次序的记忆非常困惑。我还可以领会我的意识给我自己布下的圈套，对于事情的发生，它创建了一种半虚构的感觉，可能是受情节或治疗相关叙述的潜在感觉的影响。

对我而言，似乎在这种工作中，在这种借由陈述表达的局部经验形成过程中，记忆就浮现了。

就你所关注之事，思考下列问题或许会有所帮助：根据经验扭曲的程度和范围来塑造记忆；情感的相关度，诸如用来区分它是重要事件中被遗漏的片断，还是因为不重要而被删除的部分，或是从记忆中消除的情感碎片；以及自我认知——这些过程中主体认知的程度。

但是我脑子里想到的是：人们来寻求精神治疗帮助，是因为他们的压抑状态，通常这种状态下，记忆系统的整体连贯性会发生真实感崩溃，以及那种伴随而来的自我感觉——不同部分凑合到一起的，就像你想象的那样。在诊疗咨询室里，我们看到，人们传达关于他们自己的信息，无意识的流露往往与他们有意识的叙述互相抵触。似乎表明，在他们早期的非言语记忆中（也许是程序记忆的某个方面），这跟片断记忆或故事叙述记忆系统之间有着某种不一致。有一个女人，从她的叙述中透露自己是如何有能力、如何干练，而显然她对自己的几段失败的情感经历感到困惑。可是从某些方面来看，她似乎显得脆弱而幼稚（比她实际年龄幼稚得多），在亲密的关系中表现得很无知而且很骄横，到头来身边的人都躲她远远的。有一个男人，他显得好像很有女人缘，骄傲地吹嘘自己引诱女人的本事，但唯一流露情感的是他谈起自己父亲的时候，他显然非常渴望亲密的男性间的友谊，却得不到。诸如此类……

当然，我们所有人都是这样，或多或少与我们自己、与他人有着矛盾——可是在这些人身上，感觉却是完全脱节，至少在这一点上他们寻求心理帮助。这里出现的问题似乎在于表现的真实性，而非记忆的准确性，至少在理解人类痛苦的意义上，可以这样说。

◆

JMC——你在结束一个心理咨询疗程之后，关于治疗笔记的解释很有意思。不知是否有人注意过这一阶段病人与治疗师之间的关系——在这个阶段，病人完全是缺席的，只有治疗师一人呈现他们之间的谈话过程，力图把外来的干扰（在脑电波的意义上的干扰）从治疗师自己的心灵中排除出去。

依然使我感到困惑的是某种关于自我构建的观念。这种自我构建是建立在被你们称为伪造的（虚构的）记忆的基础之上的，只是，此中的虚假性无法被确认：原因一，那些可佐证记忆的"真实"历史已无法挽回地缺失于过往；原因二，撰拟这些（可能是）虚假过往的人对此乐见其成，没有理由屈从于专业人士（例如心理分析师）的质疑，要知道他们的职责正是瓦解这些虚假历史。

在此，我们进入了有关压抑的经典理论。我是通过弗洛伊德才熟悉这个理论的，如果这一理论已有新的发展，恳请予以纠正。

据我所知，经典理论断言，压抑不可能持续奏效：无论此处压制了什么，都会在彼处显露出来，尽管它被披上了一层厚厚的伪装，只有训练有素的专业人员才能将其追根溯源（但同时，弗洛伊德又说，压抑是必要的：压抑是文明的基础，压抑将人与野兽区分开来）。

声称压抑无法持续奏效——因此，我们无法自由创建自己的历史——在我看来，似乎最终建立在良心的信念基础上。我们不得不为我们在压抑中的所得和不愿记住之事付出代价，它们对我们生活的其他方面也潜在着毒害。

但似乎所有证据都证明这种信念是无根据的。以极端事例而言，如某些做出卑鄙行为的人——施虐、谋杀——似乎能够从他们选择出的真实片段中（他们长时间的工作，他们上司的满意度，以及他们得到的奖章和提拔）为自己建构出人生故事（记忆），与之共度此生并以此为生，把所有的丑陋都压制下去。

经典理论，至少在它的大众版本中，声称这样的人不可能与他们的妻儿老小维系幸福的关系。认为他们会饱受噩梦折磨。认为他们会被受害者哭喊的鬼魂缠绕不放，因为他们无力压制"真实的"过去。

确实，如果你审讯施虐者，或者，强迫他进行一个疗程的心理修复，他也许真的会重拾那些"被压抑的"哭喊声。如果朝一个方向去塑造，删去干扰主体的内容，那么，它自然也可以往相反的方向去延展。倘若没有哭喊声的记忆非常可疑，那么，包含哭喊声的记忆可疑程度就减轻了吗？问题并非在于某处是否有哭喊的孩子；问题在于哭喊的孩子的记忆是否真实，是否能真实地感受到。

让我备感困惑的问题，我想，也一定让弗洛伊德感到困惑。理所当然，精神病医生通常不会接触那些幸福的人。精神分析的记录对那些（在我的解释中）试图压抑却并未奏效的人带有偏见。困扰我的并非那种罕见的、极端的施虐者的案例，而是更常见的案例中的那些人，对他们来说，压抑——在这一点上我们可以回过头称之为"忽略"——是成功的，而且事实上成了幸福与成功人生的基础。

◆

AK——在你的描述中，起作用的准则不属于某种公正，因为那些并非由于自身原因而遭受创伤痛苦的人，认为自己不得不面对过去的表述方式，恰与那些制造创伤的人是一样的。更何况，如果提到伦理层面来说，这是对情感与无意识经历做出的谦卑回应。

关键在于区分两种不同的压抑：一种压抑作用于保护心智并提供一个改善的动因；另一种压抑则在于阻碍改善，以其特点来看，与其说是保护，不如说是防卫。前者有助于建立幸福与成功的人生，后者则不会。通常据我所知，只有时间才能区分这两者的不同。

在我看来，经典理论并不认为压抑注定导致失败，反倒认为它以相当成功的方式保护心智使其免受不适与痛苦——乃生物领域中自然麻醉的精神现象。一个普遍的误解是，心理分析把心理防护描述成天性中的不健康成分，想要支撑我们不受防护的（如果我们知道怎样做到就好了）幻觉生活。但事实上心理分析文献包含了一系列防护过程和机制的广泛描述，这些描述对于人类体验来说相当深入地抵达了本质。每一种心理防护在保护心理脆弱或有需求的阶段时，以及在以某种方式来组织经历时，都有它自身的发展价值（换言之，不存在免防护区域：正如我们不能逃避主观性一样，我们也不能超越对知觉与感知的限定与保护）。

可是当防护被过度使用和错误使用时，问题就来了。这世界是如此**分离**，充满分歧，我们根据那些不同的特性来感知世界——是好或是坏，友善或是敌意，等等——这是从人生最初阶段就建构起来的有效认知机制。在诸如体育竞赛或是战争那种紧迫需要立刻付诸行动的情形之下，这个机制特别有用。但是，当它在亲密关系中占主导地位时，则会导致许多问题。**投射**，想象把自己定位于另一个人身上，且以对象建立自我认同，是一切人类可以感同身受的基础。但是它会产生一种精神贫乏，当一个人以某种被固化而且不可逆的方式来投射时，就没有一点儿情感困惑可言了。在父母身边的性欲压抑是青少年成长过程中必要的部分。它为年轻人在家庭中创立了独自的空间，在成年期之初形成重要关系。但是，一旦对爱之情感的压抑变为根深蒂固的习惯，各种问题必然接踵而来。

这样可以解释得通吗？

4
FOUR

俄狄浦斯王的故事，其寓意在于历史是不能被埋葬的。为什么一个有着相反寓意的故事却似乎是行不通的。陀思妥耶夫斯基（在《群魔》中）主张彻底的自我认识的评论。在《红字》中，主人公接受她自己行为的后果，却在私下里否认社会裁决她的权力。现实生活里罪犯的可比较行为。

现实约束着我们抹煞过去。《红字》是一个关于拥抱而非抹去羞耻的典型故事。《罪与罚》中，陀思妥耶夫斯基的克里斯汀理解拉斯柯尔尼科夫坦白的动机。弗洛伊德对此动机的重读。从临床诊治的自助式忏悔中辨出真相。梅兰妮·克莱茵[1]的思考，关于过失与修复。

1　梅兰妮·克莱茵（Melanie Klein，1882—1960），奥地利精神分析学家，儿童精神分析研究的先驱。

❖

　　JMC——让我来解释一下，为什么我要说，我们不能随意地编造自己的历史的原则，必须建立在良心这种信念的基础上。

　　一个扼要的故事情节如下：有个人（通常是男人），年轻时做了可耻的事情，也许是犯了罪。他逃跑了，隐姓埋名，抹掉过去，在一个遥远的地方开始了新生活。几年过去，他结婚生子，成为新的社区中坚。他开始感觉过去的秘密也许就这样过去了，不再影响自己的生活了。可是有一天，一个陌生人来到镇上，这人的秘密就暴露了。他成了可耻的人；他的人生毁了。许多小说都构建过这样的情节（想起托马斯·哈代）。阅读这些作品的体验非常有趣。因为我们已认同这位主人公，所以我们不希望他的秘密被揭露——我们不想让真相浮出水面。从某种意义上说，这样的小说是侦探故事的对立面，在侦探故事中我们站在闯入者的一边，不希望看到此人的过去被掩埋（《俄狄浦斯王》结合了两种形式：俄狄浦斯既是埋葬过去的人，又是发掘过去的人）。

　　回到我要说的问题。这是一个试图逃避过去的故事，表明试图重建自我历史的无济于事。过去的历史（过去的自我）拒绝被埋葬。

在故事中，作为精神历程的寓言来看，是自我（主人公）永远都无法忘记他过去的秘密——他为之深受困扰——但他希望能把它藏在内心，密封起来。于是主人公的意志就代表了那股内在的寻求压抑的心灵力量，压抑那些不安的、羞耻的记忆，从意识里抑制它们。意识本身象征着社会，象征着公众认识。

小说用这样的情节含蓄地表明一种教训，正如侦探小说情节的反向版本。这教训就是，我们不能逃避自己的过去，我们不能随意地杜撰自我。这样的小说通常都相当有吸引力：我们在阅读时，那种企图——注定出现的企图——想要保守秘密的企图，逐渐成为我们自己的企图。为什么会这样？也许因为我们每个人无论如何都珍藏着重塑自己生命的希望，不会心甘情愿在无法改变的过去面前认输。

现在构想一个故事，设法给出相反的寓意：我们的人生可以根据自己的愿望加工和重塑，过去只是过去，秘密可以被随意埋葬和遗忘。这样的故事能够成立为一个故事吗？我们是否可以用这样的句子给这故事结尾："他的秘密被遗忘了，他从此过上了幸福的生活"？

按如此悖谬的结尾而言——秘密并没有真的被埋葬，因为读者一清二楚——你不可能有这样的故事，至少不能以直白明确的、非反讽的笔调来表达这个意思。换个说法，不仅是作为我们成长背景的宗教道德传统，就连讲故事的传统甚至故事的构成都不允许过去被埋葬。

这意味着，那种伟大作品的情节构成一般会服从或是唤起正义感。这就是说，可以被讲述的故事——故事中的人试图埋葬过去却做不到——告诉我们事关普世的公正；然而，那种不能被讲述的故事——故事中的人埋葬了过去，从而过上幸福的生活——之所以不能被讲述，因为缺乏公正。

但是如果真正的秘密，那种讳莫如深的秘密，有关秘密的秘密，确实被埋葬了，而我们从此真的可以过上幸福生活了，那会如何？如果试图埋葬的是俄狄浦斯式的大秘密呢？换个说法，如果我们的文化，甚至就人类文化总体而言，形成了这样的叙述模式，即表面上不鼓励隐藏秘密，而私底下却希望埋葬不能令人满意的秘密：秘密可以被埋葬，过往历史可以被抹去，正义不能统摄人心，那又会如何？

如你所说，秘密的问题，无论是记住或是遗忘，一直在折磨着我。我愿意相信天理正义，这里有一只眼睛在看着天地万物，违反戒律最终不能逃脱惩罚。可是有一个声音始终在问：真的是这样吗？难道不是每天的生活都充满了这样的事例，那些人忘却了不便于他们记忆的历史，并依然获得了成功？

在这样的背景下，我读到你说的关于压抑（忘却）作为一种机制能够让我们在成长过程中保护自己。我问自己，如果我们可以在个人成长的名义下忽略过去的方方面面，那么，会对公正产生什么影响？在什么时候为了个人成就而利用压抑，是有罪的？我父母睡觉时我把幼小的弟弟闷死在婴儿床上，验尸官称他死于窒息，于是我成了家里最重要的人。这个被压抑的记忆毒害着我生命的每一天，直至我坦白出来（向法律屈服），忏悔赎罪才得赦免；抑或相反，我能够成功地忘却这一切，从此过着心满意足、没有良心责备的生活吗？

问题一：这是一个三岁孩子的所为，是否是有罪的？

问题二（真问题）：谁还能发现这件事，如果作为唯一知情的我成功地压制了我关于此事的记忆？

这是陀思妥耶夫斯基的领地。如果没有上帝，所有这一切将来自何处？

◆

AK——我相当肯定的是，四处出击去伤害他人，然后将这些经历排除脑外，是不道德的。换言之，如果你是那种人，周围的人迟早会明白过来，而你与他人的关系一定会变得十分困难。从心理分析角度看，这不仅仅只是一种行为错失，可以用公理给予某种辨析。更重要的问题是，因为我们是社会生物，因为我们的存在是与他人联系在一起的，我们需要与他人发生关系，个人福祉与社会道德深刻地、不可避免地联系在一起——它们并非总是同时存在，但总是联系在一起。

我对你那个"带有耻辱秘密的男人转变为好人"的故事有不同的回应。为什么我们会认同这样的人？为什么我们会要保护他，保护他自己创造的人生和他的秘密？我觉得，部分原因是我们对他有同情之心，而且我们赞成主人公矫正自己的迫切愿望。我们有此理解，并非只看见他现在努力转向好的一面，不在乎他犯下的羞耻行为，而是**因为**事情就是这样；可耻的过去与可尊敬的现在联系在一起，各个叙述部分，那些行为性质，甚至发生在两者之间最隐秘之事的组成部分，都不可分割（如果主人公只是想逃离过去，不想从中吸取教训，或不想以任何方式直面过去，我们自然就不会去认同）。

让我复述一下某人怀有羞耻秘密的故事，不过在这个案例中，秘密是公开的。这是霍桑《红字》中的海斯特·白兰的秘密。海斯特生活在17世纪北美的清教徒社区，在等待丈夫与她团聚时却怀上了另一个男人的孩子，社区里的人发现了她怀孕，要她把代表通奸的红色"Ａ"字佩在身上，作为羞耻的象征。海斯特用缎带缝制，将红字做得非常漂亮；她给它镶边，做了装饰，到头来她对这符号竟是依恋不舍，完全违背了人们让她佩戴这符号的初衷。她将代表耻辱的符号变成了另外一种东西，部分是对自己行为的认同，部分是对社会反应的挑衅（因为装饰就违反了清教徒着装规范）。她将红字转换成创造性的自我。

《红字》以含蓄的方式向我们讲述努力接受耻辱的弱点和错误的故事——不仅仅是个人，还是整个团体。我想，它还告诉我们，在面对逆境时自我虚构的自由的可能性——或者我应该说，走出逆境。因为海斯特作为女主角，其可爱之处在于她对加诸己身的非难既接受又蔑视，努力不回避自己的行为及此事对他人的影响，却又据此谱写自己的人生故事。

当然，弗洛伊德读过陀思妥耶夫斯基的作品。很难想象弗洛伊德建构**超我**的概念而没有接触过陀思妥耶夫斯基对人的研究，那个主角强迫自己轻蔑地以反宗教信条杀害当铺老女人，事后，（尽管只有他自己知道）他却被悔恨完全占据心灵。因为拉斯柯尔尼科夫的内心不能完全抛弃基督教的善恶观念，在他内心不受意识控制的那一部分却记下了自己的罪行。如果你是陀思妥耶夫斯基，或陀思妥耶夫斯基主义者，你很可能会让这故事深入至我们内心符合更高目标的某一部分（灵魂），这需求就是一种意志，因为需要通过必要的力量设定这样的目标，将故事带入一种精神真相。如果你是弗洛伊德，或弗洛伊德主义者，这个故事可能就会被视为某种内在禁忌的力量，到头来会以他的超我理论来描述。

不过从我们讨论的这一视角出发，这个故事呈现的是——通过陀思妥耶夫斯基、弗洛伊德、克莱茵和其他人——作为固有的社会动物的人类一员，也就是说，人与他人的关系本质上是非常重要的。对陀思妥耶夫斯基主义者而言，这种重要性具有一种神圣性，而对于精神分析学者来说，与他人的关系则是构成自我的关键部分。

◆

JMC——悔恨的告解在文学表现中有着悠长而复杂的历史。这部分历史引起了我的兴趣——而且作为写作者我还使用过其中的材料——这件事情最早见于17世纪后期的英格兰，当时报人为追求轰动效应刊登死刑犯的告解，其后在陀思妥耶夫斯基的小说中达到了高潮，陀氏对煽情手法并不陌生，不过他——我同意你的观点——对于作为判案基础的复杂动机的分析能力，可谓无与伦比——抑或透过情感冲动看穿某人的心灵。任何与心理治疗发生关系的人，都应该认真阅读陀思妥耶夫斯基。

没有一部作品能让人全面了解陀思妥耶夫斯基处理告解及其动机的分析手法。你需要看的不仅是《罪与罚》，而且还要去阅读《地下室手记》《白痴》《群魔》。我不想把这个话题变成关于陀思妥耶夫斯基的长篇讨论，所以，就简单说一下《群魔》，尤其是其中著名的被删掉的一章[1]——最初删去这一章是因为陀思妥耶夫斯基的出版商为应付检察官使此书免于被禁。

在这一章里，一个名叫斯塔夫罗金的地主对牧师吉洪陈述自己的恶行：诱惑了一个二十岁的姑娘使她堕落放荡，后来在她上吊自杀时居然袖手旁观。吉洪的回答相当直爽。他问斯塔夫罗金为何向他做这样的坦白，他还暗示，作为一个超级罪犯，其终极动机让人大为惊诧，与其说感到厌恶，不如说叹为犯罪天才。

犯罪天才这种角色——基于拿破仑一世式的伟人而塑造的榜样——作为那个时代的一种现象，让陀思妥耶夫斯基

---

1 《群魔》被删去的一章即第二部第九章，后来一些版本中单独作为附录附于书后。

深感兴趣。《罪与罚》中的拉斯柯尔尼科夫曾明确以拿破仑为自己的榜样。事实上，乖戾的新式伟人对上帝发出挑战：我拒绝你的诫命，你又能怎么样？斯塔夫罗金是拉斯柯尔尼科夫的一个更具自我意识的版本。你的上帝会怎么说，他问吉洪，他会允许我的所作所为吗？正如斯塔夫罗金希望见到的，他所犯下的不是普通罪行，而是以某种哲学精神所犯下的哲理性罪行，在这项罪行中，那个受害者，那孩子，其实只是一个人质。

斯塔夫罗金这边声称——如果作恶之人已在理性上认识了他的所作所为，明白了自己行恶的原因，那么恶行的性质就改变了，他的自白不是罪犯对牧师的普通忏悔，因为它可能被认为是挑战上帝的一种企图（或是挑战良心）——吉洪不认同这个说辞。对吉洪来说，斯塔夫罗金的说法趋于绝对的自我意识——知道自己犯下这罪行的原因，明白自己为什么要坦白，理解为什么要揭示自己坦白的原因，如此一步步退让——不过是精心策划的烟幕，背后隐藏的不过是平庸的野心，一个无聊的年轻人想通过捷径成为名人。

在这番交流中，吉洪的角色并非心理治疗咨询师（尽管你也许会说斯塔夫罗金最需要的是被戳穿的那种震惊疗法）。他更应该被视为一名侦探，与《罪与罚》中波尔费利·彼特罗维奇的行当相同。他与斯塔夫罗金的对话——更应该被视为一种较量——相应的角色（斯塔夫罗金）如果足够理性而平心静气，完全的自我认识就是可能的，而（吉洪）这种自觉的角色本身很有可能会对简单的真相陷于自我迷乱。

在这番较量中，吸引我的人物是吉洪，作为被置于听取坦白的一方，坦白者想要——或声称想要——做一个告解。在《地下室手记》中，以及继《地下室手记》之后，在欧洲文学中许多长篇和短篇小说是将读者摆到吉洪的位置上，由他们来判断读到的是"真实的"坦白还是（视情形判断为）虚假的坦白，含而不露让人对坦白者产生高深莫测之感。在20世纪，对言说行为背后的动机解读成为文学教育的主要构成部分，其中一个重要主张在于社会生活的相关性。在学校里读亨利·詹姆斯的小说，被认为是如何在这个世上生存的一种训练，因为这世上人们往往心口不一。

我不太确定，处于斯塔夫罗金这种地位，是否可能总是被轻蔑对待，总而言之像吉洪所做的那样。换到心理治疗语境中，我会让斯塔夫罗金有一个完整的陈述，表达清晰的自我认知，即便这种自我认知没有如实道出内情。按同样道理，转过来我让吉洪一遍遍地表达（声明）自我意识，而不是一种自我辩护。斯塔夫罗金暗示，这番谈话可以永远持续下去，因为总是会有进一步的自我理解层面被发掘出来；吉洪拒绝将自己置于这一端，最后断然宣布：谈话结束，就是悔改与补偿的开始。

现在，让我回到海斯特·白兰事件，她在任何一点上都早于斯塔夫罗金（《群魔》出版于1873年，《红字》出版于1850年）。《红字》的情节是围绕长期隐瞒的事实展开的：那位年轻神父阿瑟·丁梅斯代尔一直未向公众坦白他就是海斯特孩子的父亲。海斯特单独承受了清教徒长老们宣称的惩罚：佩戴通奸的标记，生活在社会边缘。海斯特从未承认过有罪，从未忏悔过。她对此始终沉默不言。

霍桑显然是一位纯真的作家，如果你想猜测他对海斯特婚外情的态度，就必须专门解读其中一两个特有的片断：比如当海斯特脱下她的清教徒帽子，露出自己一头茂密美丽的头发。这些片断以霍桑式的标准赋予海斯特不同寻常的性感魅力，远超于苍白的丁梅斯代尔（在他俩私通过程中，海斯特是个有经验的女人，而丁梅斯代尔，想来是个新手）。

这个名叫海斯特的人物，无论对自己的罪过有何感想，实质上在霍桑眼中，社会如此压迫这样一个女人，肯定有不妥之处。海斯特本人也许没有公开这样发问，"我犯了什么罪过"，但霍桑的小说肯定是替她这样发问了。

如果以这样的方式阅读小说，我们就不得不拒绝社会加诸海斯特的宣判。我们读到的海斯特没有接受镇上那些主事者强加于她的犯罪事实（以胸前的红A字概括的犯罪事实），她自己却有另一种故事深藏于心底。这使她不断地呈现为一种讽刺化身：表面上，借由胸前的红A字，她似乎坦白招供了通奸罪。但这个字母是隐晦的，密码式的：可以代表"能够[1]"（叙述者玩笑式的推测），也有可能，甚至是针对她的审判不便书写的某些尖刻评价。

我的理解，海斯特是屈从对她的惩罚措施（另一种惩罚可能是被驱逐出居住地），而私底下却抵制对她的判决。换言之，对于因性行为而被处，海斯特未表明自己的态度，依我看，这与19世纪40年代（霍桑在布鲁克农庄遇到的）美国妇女的自由思想非常相似：*我们也许无力抵制，但我们不接受男性权力强加于我们的道德基础。*

监狱里的那些人，在一个重要的方面，就像海斯特那样：他们似乎接受了惩罚，行为举止符合矫正要求，像个模范犯人一样，但事实上，他们私底下都是讽刺的化身，拒绝以法律的名义对他们的定罪。他们对自己，对最亲密的朋友说："制定法律，执行法律，都是有权力的人，却不是正义的人。以他们的标准我是罪犯，但以我的标准，我

1　英语"能够"（able）的首字母也是 A。

只是承受了该承受的（抑或就像自由人一样行使自己的权利）。"

在内心，他们拒绝承认自己有罪，私下里视自己为不公正的受害者，这种想法给了他们这样的人强大的正义感。他们所做的恰恰就是将自己的人生故事掌握在自己手里，即便是像吉洪这样的局外人，也认为他们的自述可能是一种自私的谎言。

也许他们对自己撒谎，但毫无疑问他们的谎言是自我授权，使他们找准方向，并掌控自己的人生。我倒不认为，这样的人跟我之前谈到的那些杀人犯和施虐者本质上没有什么区别，那些人讲述自己那类故事（他们会说这是爱国心，是必要手段，跟邪恶做斗争云云）完全是在替自己辩护。

很偶然地，我发现我们各自讲述人生故事的诀窍——我们应该成为自己人生故事的作者，而不是让别人来讲述，或是替我们讲述——为什么确实令人生疑。清教徒镇长眼中海斯特·白兰的故事——发生在夜间的邪恶行径——不一定就是真实的故事；而海斯特——布鲁克农庄的海斯特——的自我叙述也并不一定就是真实的——"我因情欲做了这件事情。"然而有两种观点：一是我们可以随自己意愿二者之中任选一种，或者也可以再编造一个出来，因为这种事情没有真实可言，只是你的真实，或我的真实；二是这种观点认为海斯特的故事必定是个好故事，只是因为它是海斯特的，相当可疑的观点不啻当头一棒。

◆

AK——很有意思！陀思妥耶夫斯基对于说真话绝对持有怀疑态度，这在报纸杂志充斥社会名流坦陈内心故事的今天，简直一针见血。那些人竞相出场，是看谁能表现得最值得信任，谁能说出最隐秘的事，而且是隐藏得极深的（通常是耸人听闻的）个人隐私故事，而读者被邀参与其中扮演那些富人名人知心密友的角色。

从你通过解读陀思妥耶夫斯基而进入心理分析的场景中，我们能得到什么？可能会有很多，不过我们可以举证，比如一个人可以具有对这个世界方方面面的深刻洞察，却并不按其见识去做。或者更进一步说，吉洪对斯塔夫罗金的怀疑，这种理解可能被用于（或滥用于）遮蔽正在发生的事情——把那个众所周知的羊毛罩子罩到临床治疗师或是治疗式忏悔牧师的眼睛和耳朵上。我当然遇到过那些显然很有自我意识的病人，他们正是以这种方式来进行误导——误导他们自己以及周围的人。

但是，让我感兴趣的是构成这种想法的基础，或是由此带来的真正悔改以及真正的自我回溯，而并非羞耻或是各种愤世嫉俗，这正是治疗师的工作——区分不同状况，并促使病人对虚假版本的真实理解，如果可能，心理治疗促使这种理解来改善其心境。

这是奇妙的时刻，吉洪听了斯塔夫罗金的招供，并要求得到他吉洪的宽恕，而吉洪则通过有条件的宽恕来回应他的要求。吉洪在这一刻所做的——你忍不住会想到陀思妥耶夫斯基在借他的口说话——是阐释斯塔夫罗金冷酷的心理变态行为，阐释他对人际关系的看法，人际关系的观点引导斯塔夫罗金判断他人都是可疑且残酷的，正如他自己被人如此判断一样。在这种心境下，斯塔夫罗金只能恨他人恨自己，他的自我鞭笞是整个问题的一部分，而不是解决问题或解答问题的一部分。

我想到克莱茵关于罪责的阐发，以及对于补偿的驱动理论。她的构想主要描述为，妄想型精神分裂症及抑郁状态（见书末参考文献1）具有与生俱来的必然性。

妄想型精神分裂症在人生最初几个月占据统治地位，是我们所有人意识的初始状态。在这种意识中，他人只是一些片断，而非三维的整体。精神防卫会产生强烈的外来威胁的应对感。分离和投射被用于去除摇摆不定的情绪：这世界上的一切——人或是物——都被安排成相对简单、泾渭分明的关系，将消极的情感置于他人身上，以便与之相脱离。

这意味着某种原始的超我一直在运作，这是由受挫和憎恨投射而来的。这被用于对付他人，而并非认为是自我的一部分，于是他者变得越来越疏离且具有威胁性，并以这种方式被接受并出现在意识中。这就是产生妖魔与鬼怪的意识状态，这种妄想症患者就是在受迫害的妄想中度日。

在生命之初第一年的下半年，会产生某种促使抑郁转变的良性运行。这种意识状态的特征是对他者的内在表述发生了转变，重要的他者被视为一个个三维整体，由不同的部分构建而成，有的导致沮丧和憎恶的情绪，有的则引起满意和爱的情绪。这个世界不再被分为直线式的条块，第一次在自我内部生发并体验了复杂与混合的人际关系，而不是在防卫的状态中把它们归于外部事物加以排斥。

罪恶感以及关注与补偿能力是从对人的认识当中生发出来的。那些我们想要抛开，让我们沮丧并失望的人，也正是那些我们所爱并依赖的人。它们产生于内部的冲突认知，在那里面，创造和毁灭的能力，对于我们每一个人来说都可以视为平行的情绪。它们并非（以吉洪的措辞而言）仅仅是来自外部的因责任和义务而出现的那种罪疚或悔恨，而是具有真实的内在意义。

（如果我们把焦点转移到个人与社会的关系上，罪疚与补偿驱动取决于人对社区依附的认知，即便是相当摇摆不定的依附，还取决于社区可以提供的基本服务及救助——生活帮助、身份认同，等等。）

这种思维类型好像并非能够彻底地掌控；两种状态之间的摇摆不定是生命中不可分割的一部分，因为我们大部分人在紧张或难受时会产生更多的妄想和碎片化的思想状态。不过，这里的要点是，真实的忧虑和悔恨——并非忧虑和悔恨的观念——是一种名副其实的进化的结果，不是因指令就能产生的东西。

正如我所见，这里面有一种显而易见的悖论，那是一种传统的惩罚形式（把心生悔恨作为目标之一），结果却导致内在的反叛和对罪疚的解脱。也许罪犯在狱中，就能在某种程度上给渴望惩罚的社会以一定的满意度。但是，面对社会的排斥和拒绝，罪犯也许在内心的意识中，愈加怀有自己被不公正对待的感觉，因而觉得自己是有理的一方——可以说在某种程度上，把他们从内心层面的罪责中解脱出来了。强有力的心理疗法回应——大可直面这种**病人罪犯**所犯下的罪行，不过要以体恤而意味深长的方式加以考量——使之有更多的机会产生真正的悔恨，而不是悔恨的观念。

5

FIVE

两人之间的对话，就像设计的虚构作品之间的互动交流。一种真人对话的图灵测试。同情是把自己投射于他者经历的能力。这种能力可以后天习得吗？写作与阅读被认为是对话的实例。关于这种论断的怀疑态度。对话与祷告。一个术语问题："进入治疗"相对于找到某个人与之谈话。圣典的告解对比世俗招供。艺术家的浪漫神话作为心灵的诊断。

内维尔·希明顿论病人与心理治疗师的关系：病人自我认知进展阶段中的融合时刻与分离时刻。在心理疗法的谱系中，天主教的告解对比清教徒的自我省察。完全世俗的、反魔力伦理的心理治疗法。病人的基本需求是为他们的体验找到一个容器。治疗师的工作：向病人表明体验是怎样被思考的（给定的模式），然后把体验投射回去。

❖

JMC——你提到一段话，斯塔夫罗金要吉洪宽恕他，在我看来正是陀思妥耶夫斯基对于两人（两个灵魂）之间实际对谈的基本道德立场，也就是说，这必须是交互性的。我们只有在交互性的条件下才有真正的对话。

从我先前所写下的——我相信大部分人际交流不啻两个设计好的虚构人物之间的交流——你可以得出结论，我没有资格，或至少我不适合判断真正的对话抑或虚假的对话。我当然承认我不怎么了解何为真正的对话。在这方面，我觉得我表达的是一种准则，但你也许另有想法。

所谓对话的图灵测试，总是让我纠结：面对一个屏幕后面的交谈者（或电脑里面的），你如何确定这个交谈者是另一个人类，而不是一种算法（模拟另一个人声，回应事先编程的语句，使之像是一种对话）？

说来有些荒谬，图灵测试只有在某种更紧张的状态下才有意义，事实上每一个咨询者都必须熟悉这种令人苦恼的脚本——举例来说，这个脚本是这样开始的：我做的每一件事情都是无意义的，我为什么还要接着做？于是：

甲：我做的每一件事情都是无意义的，我为什么还要接着做？

乙：你说你做的每一件事情都是无意义的是什么意思？

甲：我的意思是，我丈夫不认可我做的家务活，孩子们不和我说话，我从工作中得不到任何报答。这一切难道还不够说明问题？

乙：告诉我，你和你丈夫的关系怎样？

甲：我丈夫回家时总是情绪很差，他从来不问我这一天过得怎么样。

乙：你的一天通常是怎么度过的？

这就是治疗师的职业命运：在不可预知的时刻，发现自己陷入像这种事先预备了脚本一般的交谈。发现自己陷入类似图灵测试般机械问答的无创意的对话模式，必定令人不安。但也许并非只是治疗师对这一时刻感受不佳。当我们不具备我们的对话者那样的存在危机时，也许这是我们所有人参与运作的一种风险。治疗师每天都必定会面对这样的经历。

真正的对话需要什么？在我看来，开始一场真正对话只需要两个人（两个大脑，两个灵魂）。即便是最有天赋的作家，也无法写出人类与机器之间的对话。在心理治疗这种案例中——我在这里岔开一笔——意味着治疗师不能跟一个（无论情愿与否）陷入机械循环般抱怨或责难的人对话——实际上那只是二位一体剩下的另一半。所以，治疗师工作的一部分技能必然是哄着病人从这种设定的套路中走出来。

但是在更深一步的对话层面上，需要一种投射自身的能力，借助同情，完全进入对方的生命观中。这种自我的投射不可能进入某个想象中的对方版本：它必须进入真实存在的对方，无论它有多么困难，多么不愉悦，甚至多么乏味。

这种能力在我看来似乎不仅是专业性的——那只是一种可以习得的，而且一代传予一代医疗人才库的技能。在我看来，本质上那似乎亦是一种灵性。

在我们之前的交流中，我想我没能承认的是，真正的灵性发展（姑且让我使用这个说法）的发生，在真正的对话中是不可或缺的。我写下的这类自我撰拟及自我表述的叙事（将自己隔绝于外在观察者眼中的看上去关于自我的绝对真实）很难在隔绝的情况下有所突破：让患者面对现实的抽象要求，实施起来简直太痛苦。一个人必须得到帮助；非机械式的疏导——套话模式的心理治疗无异于机器输出——方能有助于此人。

因此，我再返回作家的案例。作家与心理治疗师之间，虚构写作与引导病人以建设性方式向自己说出人生故事之间的任何类比，都消解在这一点上。在心理治疗情景中，必然要有两个人，然而故事却是由一个人撰写（口述）的。区别就是这么简单。

我这是在逆潮流而行，我明白这点。让我对当下的两种倾向略作注解。第一种是声称（出于某些批评家）对话体小说的存在；第二种声称（出于许多作家）写作进行到最深入的时刻，是听命而述而非单纯的叙述——这里必须有两个人，或是两个沉浸于诗意空间（在最宽泛的意义上）的灵魂。

我不想从细节上讨论这两种观点——暂且不做这种讨论。但是，如你所见，我对阅读作为一种治疗形式始终持怀疑态度（阅读作为一种自我治疗又是另一回事——虽有区别但差别不大，也很少引起关注）。

"真正的"对话与祷告之间的差距也许并不是很大，我并非没有意识到这一点。在我看来，在当代心理治疗话语中，祷告似乎是一个被忽视的话题——祷告和祷告的心境。我这么说有问题吗？

◆

AK——重要的是不能把心理治疗和治疗性对话理想

化——这是我需要提醒你的，如同你提醒我一样！你写到的那些真正促进成长的对话，我相信，那是我们这一行中任何人都难以抵达的成就，它更多是一种愿望而非其他。

我希望我们的谈话能够拓展开放一些，考虑一下促生关系的整体经验，并非仅限于对话——在我的意识中，这种对话属于智力而非情感范畴。

我读过精神分析学家内维尔·希明顿写的一篇有趣的论文，讲的是心理治疗关系中的"自由时刻"（见书末参考文献2）。我认为他所说的是任何一种关系的相关性，相互间有着稳固的纽带，旨在促进那些关系的发展。希明顿描述了人际关系的两个阶段，或曰"时刻"。第一个阶段是融合时刻，此时重要的是与对方的需求（其实是幻觉）相处。简而言之，给他们想要的——当然，必须合乎理性。它会对他人产生出某种认知，是情感上的而非智力方面的认知，因为它可以让我们在无意识的层面上有一种相对自由的回应。但在客观上，它让我们几乎没有什么可以言说对方的，因为我们已经（至少在某种程度上）在他人面前失去了自我。

其后——在他的方案中列于其后——他描述了一个不同的时刻，那人这时允许自己象征性地退后一步，回到自己的意识中，以更为冷静客观的眼光，即完全分离的眼光来看对方。这便是分离时刻，这一刻显然存在着两个不同的人，彼此之间有一道界限。这便产生了另一种认知形式，这种形式对于成长特别有必要，而且它是建立在融合时刻的认识之上的。在希明顿的方案中，在后边那个时刻，那人必须自己去思索那些难以想象的事情，至少根据前一时刻涉及的关系去想象。我应该补充一点，难以想象的事情，并非一定指的是激进的、戏剧性的或是可怕的事情，它甚至可能导向对某种陌生观点的理解，使人能够以新的不同的视角感受事物。

无论如何，我认为这两种关系，在认知他者，以及在与他者的关系中认知自我，都有其自身的位置，它们产生的不同认知类型，都是不完整的。

最后，但绝非最不重要的，我想转向这个问题：为什么你要提及心灵的发展及祷告的心境。我想请你详细描述一下这个问题，因为我虽不是宗教界人士，但这些术语对我还是有意义的。从物质转向心灵层面这个问题——为何，如何，以及必要与迫切性——我对此很有兴趣。

◆

JMC——我会在适当的时候转到祷告的心境这个话题。

但首先，我要挑出你之前用过的几个术语，说明一下我自己为什么不使用它们。如果我们讨论到什么地方，才发现彼此对一些重要词汇有不同理解，那将会很不幸。

首先，我不太愿意用你那种方式来使用"成长"（growth）这个词，因为我认为我们进入治疗（或是做告解，就像我后来所建议的），意识中不会有这样一个抽象的目标。事实上，"进入治疗"（entering into therapy）这个词对于讨论人们在现实生活中的问题，我怀疑它本身是否一个好的方式。在我看来，对于所发生的事情，我们或多或少都会有跟人交谈的迫切欲望，不是跟任何人，而是——某个"合适的"对象。事到如今，我们也许已经跟一连串的人讨论过自己的痛苦和不幸了，甚至别人已经产生疲劳感——或是对我们的谈话感到腻歪了。但结果，对于我们的目的而言，这一连串的人却不是"合适的"谈话者：我们与他们的交谈始终是不如意的，并没有得到我们感觉所需要的结果。

所以，与其使用"进入治疗"这个说法，我倒宁愿退至比较含混的概念，也即寻找合适的人交谈；与其使用"希望成长"的说法，我则倾向于把握更纯朴的、难以言述的情感需求，或是那种含糊其辞的无法清晰表述的情感——这里的意思就是需要谈话。

现在，来看看"交流"（communicate）这个术语。我对"交流"这个词的理解相当的技术化。一种交流行为的发生，需要满足几个条件。比如：有两名参与者，就像你和我，彼此愿意吐露心声，接收对方的信息；这是分享的法则。

　　在现实生活情形中，你和我（不同类型的你我配对！）与交流有关的问题是，只能以一种相当可疑的方式来满足这些交流的条件。我不能确定或是怀疑我自己（我是整体性的，还是我所担心的那种虚构的碎片化的拼凑角色？），你也在以各种方式怀疑（你就是那个合适的人吗？你真的听懂了我的话吗？抑或对我而言你是"无生命的"？）。而分享法则也许就是错误的核心（当我说 X 时，你的理解是 X 还是 Y？当我接受了这种分享法则时，我呈现的社会角色是什么？）。

　　既然如此，与其说交流，我也许更愿意坚持某种关于"说"的更简单的概念——就是言说本身，甚至不是所说内容——有保留地说，有时言说也许会转为某种更本能的状态，比如哭泣：我要寻找能让我在他面前哭泣的人，或者，在此人面前我可以尽情倾吐心声。在隐喻的意义上，这种方式涵盖了双方的语言与眼泪。

　　我发现，我自己更符合你描述中所要求的"你"的样子，心理治疗师的那个对话者，从内心来看，不能那么轻易具有体验对方心理的能力（此者我称之为"我"，或是在这个语境中的人物甲），具有不被搜入游戏、研究、体验以及使"你"能够理解的思想能力（智慧），至少表面上你可以感受到对方的丰富及复杂。

现在，我要引入一个悖论：以独白形式进行的对话。

我一直奇怪的是人们对这种现象居然没有更多的反思——至少我知道的是这样——心理治疗谈话与告解之间的相似性，后者也相当有效，或意在有效（在天主教的教堂里）。更奇怪的是，你会注意到世俗心理治疗发展迅捷，而同时，教堂宽恕罪人的能力和权力的可信程度却愈发衰微了。

我想研究的告解并非那种陈词俗套：人物乙毫无表情地听着，甚至也许处于半睡半醒状态，而人物甲则喋喋不休地陈述一连串的"罪孽"，再是一套例行公事的忏悔或其他什么，然后在仪式上宽恕那些罪过。这一套元素中我想保留的是：听告解者（人物乙）在告解过程中的沉默（不打扰）；告解的准则（假定双方有共同语言），以及谈话结束后的释放原则。

这事是非常可笑的：五分钟的告解就可以卸去我们肩上的人生重负——除非两个参与者都对这种功效坚信不疑，

且信念之强烈达到我们恐怕无法想象的程度（如果我所说的那种告解中人，因为一心处于被"治愈"的意图与目标而处于狂喜状态，好像踏在云中一样，我们今天也许会把这种治愈看作幻觉，心头的重负很快会重新加载）。

但是，我不知道那整个一大块的分析理论是否可以作为我们矻矻入世（也就是说放弃幻想）信念的替代物，是否有如忏悔者与神父之间，那种圣礼的功效。神职人员不需要"知情"是怎么带来治愈效果。以对忏悔者的同情而言，他肯定必须具有灵魂对灵魂的理解。但至于其他，这就是圣礼本身——我们称之为过程——所取得的疗效。

在我的意识中，仍然存在的问题是，这种神奇的对话类型是否永久消失了（我称之为对话，是因为它有两位参与者，一方是忏悔者，另一方是圣灵，通过神父来实现对话）。我个人倾向于没有消失，或至少希望没有消失。

然而，规则的问题还是存在。常规套路的忏悔有赖于一连串司空见惯的罪孽，每一项都有其标准名称：作伪证、婚外性行为、冒渎圣名，等等。我们私下里会想：这些荒唐的罪名——确实，任何照章颁布的罪名都是如此——如何能使我们昏昧的意识明白我们错了！我们也有可能这样想：如果我已经知道什么是"错的"，如果错误在于我的"所作所为"是错的，而我已经知道了这个说法，那么在我走进教堂忏悔前，这个问题十之八九已经解决了。

在我们的经验中，作为后宗教时代的子民，人物甲感觉到有些不对劲的地方，但不知道是什么问题，当然也无法用合适的术语来形容它，抑或是对此有了一个错误的观念。

这使我们想到某些人，至少在后宗教时代的正统观念中，他们应该有能力找到那种形容错误的话语表达，或是怎么出了问题，或是我们做错了什么，那些人也就是艺术家，神职人员的继任者。我们在昏睡，艺术家却醒着。浪漫主义最主要的神秘之处就是艺术家和他们的创伤。是那些创伤让艺术家们醒着，焦虑，痛苦；他们创造的艺术也许只是为了医治创伤（有如牡蛎在沙粒的磨砺下产生了珍珠母包衣），结果却有了更广泛的用途。随着基督教精神疗法的临床治疗师到来，那些内心黑暗世界的另类探索者，艺术家／神职人员在我们出岔子的诊疗学科中扮演了重要角色；抑或，至少在创伤的神秘感尚有行情时扮演那种角色。

就我而言，我发现这种观念——艺术家们如此召唤自我（艺术家作为诊疗者的时代），显然过于夸张。艺术家还有进一步的主张，我对此持保留态度。有一种说法是，假如没有艺术家，我们普通人就无法用语言来谈论自己的错误。另一种说法是，艺术家作为故事叙述者，为我们提供了如何讲述故事的模板，使我们有能力把自己从过去的经历中解脱出来。

我更倾向于把艺术家讲述他们自己的故事视为我们这些人讲述自己的故事：这些故事迎合了我们的兴趣或我们想象中的兴趣。每一个故事，我们都可以合理地询问：是为谁呢？让我回到似乎应该是我们在开头部分交流的主题：在我们将对话方式视为使人对自己感觉更好之前，我们应该把心理治疗的对话视为对真相的追求。

◆

AK——你把心理治疗与天主教告解仪式联系在一起，让我很感兴趣——感兴趣是因为我看到了某些观念之间的连接，新教徒与心理治疗中个人责任的观念，自我改进与作用于自我的观念。为了划出这条界限，我想说，心理治疗项目较之天主教仪式更谦卑，但也更有野心：更谦卑是因为它需要付出更艰苦的努力及承受痛苦，但产生的效果却可能微乎其微；更有野心是因为它的意义与转变的主要工作场所不在上帝那儿，却在人类自身。

作为一个不可知论的非基督徒，我所理解的在宗教信仰的告解仪式中，神职人员作为神奇的工作者、上帝的化身，那是毫无疑义的。他被赋予赦罪的权力，被投入了全部的上帝之爱，以及圣灵无条件的认可。因而，在你的象征性条款中，罪过的倾诉、羞耻与痛苦都被清除了，犹如慈爱的父母揩去孩子的眼泪。

大多数心理治疗师很反感自己的治疗被视为奇迹之作，认为那种提供神奇疗效的传奇比任何东西都更具欺骗性。病人通常会表达期盼被治愈，或被治疗师挥舞魔术棒从而产生显著疗效的愿望。由于许多心理治疗都是以打消这种奢望，以更谦卑的方式，建立更脚踏实地地解决问题的可能性的思考空间作为起始。接着一个显而易见的悖论是：心理治疗中的真正转变在某种程度上打消了患者对神奇疗效的期望，完全接受更卑微更不起眼的治疗目标。

在精神分析学的心理治疗中，这不只是要让病人放弃魔法思维的问题。这将严重地低估魔法思维对我们所有人的控制。首先，无论病人对于神奇能力的期待如何，他们对自己以及**他者**（通常是治疗师）夸大的期待表达模式，经考察已被赋予了一种自由度颇大的裁量。但接下来要做的许多工作就是帮助病人把这种能力以一种非魔力的方式返还到他们自身。凭借诸如无所不能的幻想，或是某个理想的**他者**那种神奇力量，以消解自我匮乏进程的目标，是在（因需要解决潜意识中的虚弱或无用的感觉）不知不觉中被唤起的。病人的这些痛苦和渺小的感觉（这正是神奇力量的反面感觉）需要得到心理治疗师的正视并理解——不是在伤口上抹盐，而是帮助病人战胜自己。

更有成效的心理治疗师创造的条件中，大部分古老的咒语、魔法或是蛊惑（都被充分尝试过）——一个接一个，最终都失灵了。

我同意你对于"成长"这个术语的观点：一般而言，人们寻求心理治疗不是为了成长或是发展，这些目标也许在治疗师看来具有丰富的含义，但在那些很直接的不快乐体验面前，它都显得太抽象太不相关了。可是人们确实极为需要治疗师把他们从满脑子周而复始的念头（没有解脱的前景，无法逃避的心结）中解救出来。在这样的感觉中，他们需要的不仅仅是谈话，而是希望被引导超越这种谈话。

如你所言，我想我们从生命起始就在寻找一个可以倾诉内心的地方。不过，我认为在倾诉中，真相总是存在的，即使从外表来看已被扭曲，或是有些拐弯抹角。怎么可能不是这样呢？倾诉出来的内心，形式上通常不会多加选择或有意为之，或多或少总与真相发生联系，只要倾听者能够理解这些失真与真相之间的关系（扭曲的准则），理解失真背后隐藏着什么。

我们讲述自己的人生故事，也许并非真实状况的反映，说实在的，就因为失真才更值得关注（我不想把这称为谎言，尽管人们有时确是出于愤世嫉俗或是羞耻才撒谎）。但这些恰恰就是我们的工作必须面对的全部，或者，我们知道这就是一切，这些人生故事值得我们付出许多努力，尤其是，假如我们认同主观以及主体间存在着真相，并认同这些真相可以从讲述方式中被揭示。

这里并非仅仅是病人寻求倾诉的问题，心理治疗师也并非只是一个发泄渠道——或者说肯定并非应该如此。病人寻求的是一种包容自己经历的途径，赋予这种途径形式与意义。"包容"的观点在描述心理治疗过程的有效程度上非常有用，看上去却又相当不介入。它包含了你的自我倾诉为原始需求的观点，但又以某种重要的方式超越其上。

旧的形式与方式已不足以提供有效的心理治疗的包容：对困惑与混乱的经历的认知应该得到支持，其中应该具有对病人的深刻同情，也应该有着对情感真相的尊重——尽管那是混乱、复杂及痛苦的。所以，虽然心理治疗师需要有同情心，但他还是应该帮助病人直面那些事情——有时候这是一种很有挑战性的艰巨的工作。这里有两个过程，一个是病人倾诉内心，另一个是治疗师（大体保持着同情心）与病人一起整理这些内容并分析其意义，但同时也涉及直面复杂与痛苦的真相，这两个过程是互相依赖的。如果病人觉得自己处于一种有人能帮助他们思考自己所经历的困难之事的会谈中，谈话就会更自由更放松，他们就会更愿意接受治疗并更加信任治疗师。

正是通过让人感觉富有同情心和面对真相的谈话，赋予经验形式与意义，才有可能回过头来重新接受这些人生经验——当然这是被思索的经验，而并非需要对此作出反应或发泄的经验。我们确实都受惠于心理分析家兼作家威尔弗莱德·比昂的观点：从经验中学习，取决于是否能够了解它或以这种方式吸收它（见书末参考文献3）。

在我看来，这意味着解开心结之类。心结通常是缘于某种经历（或多种经历）而来，觉得自己无法想明白所经历之事，心理却极为矛盾地陷于某种通常称之为缠绕不去，即"过度思考"的类似引起幽闭恐惧症的状态。只是思索，却无思路。

6
SIX

我们对自己讲述自己的故事，这些故事的真实性。后现代关于真相的"似乎"观念。"似乎"在心理治疗解决方案中会是怎样。在众多文学体裁中，作为单纯的虚构小说，怎样看待真实性问题。幻觉及幻觉中的真相状态：以《堂吉诃德》为例。堂吉诃德式的挑战：撰拟的理想真实，有时是否并不比真正的真相更好？记忆的真相状态。历史学家，以及他们处理历史（追忆）事件的方式。殖民社会，以及通常是种族屠杀历史的令人不安的记忆。

作为一种主观真相的病人的故事。在心理诊疗室设定真相：一个案例的既往。不完整的真实，以及治疗师在填充缺失环节中的角色。从主观真相到更完整的主观真相的发展。"事实"作为主观真相的一个备选术语。坚持抓住真相概念的重要性。真相在心理分析中的过程（见书末参考文献4）。心理治疗中承认之际（对真相的承认）。

◆

JMC——"我们自己讲述的关于自己的故事，也许不够真实，但都是我们的所有。"

对于我们跟我们自己讲述的那些故事之间的关系，我很有兴趣，那些故事也许是真实的，也许不是。让我来选择三种情况。

（a）我有一个关于自己的故事，我真诚地相信这是真实发生的事情，事实上我相信这就是我的故事，然而某种理念上的、具有全知视角的、神祇般的观察者，他是完全独立于我的，至于他的意识中是否认可这种真实，我不得而知，或至少不知道在他看来是否完全真实。

（b）我讲述一个我自己的故事，我全然相信这个故事的真实性，但是那个很贴近我的观察者（我的父母、配偶，我的孩子们）认为这里边掺了水分，很可能是一种自适（self-serving）的说法，甚至可能是某种程度的错觉（这种情况并非罕见）。

（c）我有一个关于我自己的故事，如同我们所有的人都有自己的故事：我不妨退一步承认，也许以（a）的标准甚或以（b）的标准来看，这个故事不那么真实；尽管如此，这是"我的"故事，是我所知道的一切，因此我要坚持自己的意见。"这整个儿都是我的故事，这是我所能描述的最真实的故事。"

我用（c）来描述一种通常的后现代状况：我的故事中不存在（a）类观察者意识中那种观念上的真实，因此，我得为自己的某种类型的人生叙事做些处理，我甚至可以把（b）类观察者的意见也充分考虑在内，但我感觉自己是诚实而真挚的，尽管我知道在自己的意识中是某些利益在起作用——我对此是无视的——这些利益肯定决定了"这个"完整的（a）类故事的特定部分——这应当是被阻止的。我无法去干涉这些应被阻止的部分，因为"我"要做的是向"我自己"隐藏这一切。

从我对心理诊疗室有限的认识来看，我的感觉是，作为一门学科的心理分析学并未十分认真地对待（c）这样的独特个性。（c）的过于出格的态度或多或少被标准阐述所漠视。而我倒觉得，在今天，像（c）这般出格的类型越来越普遍了。这是我们所处的时代的一种表达方式，我们应该谨慎处之，不能不予重视。

我想，也许在这一点上，似乎应该呼吁新的多样化分析类型，以适应新的个性类型，而实际上这并非我想要的方向。我的希望聚焦于企望或是向往那种唯一的真相，企望恰好是我自己的一种非常强烈的情感，但我看不到心理分析诊疗师与病人之间的这类契合，它在某种"似乎"的基础上对所有的事务置于这样一个前提："我讲述我自己的故事似乎是真的，你对待我的故事的态度似乎觉得我并没有在编造什么，让我们来看看，以此为起点我们能走到哪一步。"（这是最近一次交流中你所描述的情形的简陋版本）

我的第一个问题是：从似乎是真相的起点出发，通过心理治疗，除了某种"似乎"的目的，人们希望达到什么目的？我的第二个问题是：我们难道真的已经有了这样的改变（如此超前），以至于借由似乎是人的困境而给出似是而非的解决方法——不仅能满足于"似乎"的故事，而且满足"似乎"的目的？心理治疗师与病人现在达成了仅以虚构形式（双方都知道——这是一种心照不宣地被搁置一边的认知——亦即虚构）交流的协议了？这些就足以让他们满意了？抑或是我错了，在我设定"这些"条件时，"这些"不是复杂的虚构，而是"真实的"人类，这般朦胧的经历不能满足他们的欲求？

如你所见，我可能陷于自相矛盾、不确定和困惑之中。我的职业使我在虚构这一行里混事。由于我的虚构写作，使你认定我对于真实并无太多尊重。我认为，我自己与其说是在小说中使用真实，不如说是反映真实。如果说我小说中的世界是可辨知的，那是因为（我对自己说）相对编造故事而言，直接描述这个世界还更容易一些。居斯塔夫·福楼拜在写给路易丝·柯蕾的信中说到他的创作抱负，他希望写一本完全虚构的书，书中的所有部分依靠彼此间的张力结合在一起，而不是要同现实世界保持一致。但他从未写出过这样的书：这实在是太困难了，而且也不会有人想要去读。但是，这也表明，被认为是最卓越的现实主义作家，对现实的评价竟也如此之低。

最终，能够把你与真实世界联系在一起的，是死亡。你可以尽情编造自己的故事，但你无法编造结局。结局必然是死亡：这是你可以严肃地相信的唯一结局。具有讽刺意味的是，为了不让你自己在虚构的海洋中漂走，你不得不依赖死亡。

◆

AK——在我看来，我们讨论的似乎是两种不同的真实，你所说的是某种客观或超验的真实，在人类理解范畴之外或之上的真实。我所要做的是面对主观及某种主体间的真实，体验中的真实，我相信病人正是基于此种真实的痛苦而来寻求帮助。人们前来寻找心理治疗的帮助，因为他们感觉痛苦不堪，主观上感觉到沮丧压抑，并非因为他们不知道上帝是否存在，或是不知道怎样看天气。

这并不是说不存在真实这回事——无论我们对真实的定义如何。但从心理治疗的角度来看，我们不是在试图建立一个客观的真相。并非病人表述的情况就是真实，那只是代表了外部世界在病人意识中的存在，它的变形扭曲，它的不连贯，它的流逝，我们在其中的探究是为了理解他们的意识活动，并帮助他们深入主观真实的知觉。

我想以诊疗室的一个小场景为例，说明当时我与病人在这一问题上心理治疗工作的思路。

一年半之前，一位男性病人开始在我这里进行精神分析的心理治疗。他一周来三次。这段材料是从一个长假后的第一次诊疗会话中总结的。

病人谈到长假期间他所经历的几次心理崩溃。他还说到他非常怀念心理治疗，尤其是当他与情侣发生争执的时候。这位病人总是感觉周末和假期特别难熬。而在治疗初期，他面对心理疾患的挣扎是要尽量忘记心理诊疗，不去想与我这位诊疗师有关的事情。我能够理解这是他的一种防卫策略，意图凭借他感觉到我对他的干预来对付我——从我的意识中抹掉他。这样，那位病人，称自己的策略为"扭转局势"，就可以说得通了。

从现在开始，事情发生了变化。这位病人在他感觉被依赖时会更觉焦虑，而被依赖，曾在他生活的人际关系中发生过积极的影响，尤其是与他儿子的关系。

今天，他向我痛苦地解释他与情侣的关系。他说，他对她很粗暴。他自己都不知道为什么会被对她的那种狂怒感觉压倒。表面上看起来这是个很奇怪的问题，因为他的伴侣非常关心他，尽可能帮他做一切事情，但她这样的结果似乎只会激怒他。在某一点上他曾对我说过："她的爱与关注就是问题所在。"

一段时间后，我和他说起他是一个易受伤害的人，非常需要我的帮助，需要我和他的情侣两方面的帮助，而他自己却讨厌这种感觉，这让他感觉自己很渺小。他觉得假期中不能到我这里来，那种感觉尤甚，让他有一种被拒之门外的感觉。我认为，当他对情侣态度粗暴时他就摆脱了自我渺小以及被拒的感觉（让他的情侣尝尝这种感觉）——他让他的情侣感受他的感受。这样就可以理解这位病人的情况了。我们在最近几周有过许多次谈话，治疗起到了作用，他慢慢平静下来了。

我所帮助的这位病人开发了他对于某些情感——需要帮助及容易受伤的容忍度，对于易受伤害及被拒的焦虑——于是他不再通过让人感觉拒人以千里之外的方式来摆脱自己的种种脆弱了。

这段梗概是精神分析工作的相当标准的片断，在这里，我们得探索病人内心挣扎的情感，以及他自己开发出来的对付那些不良情感的防卫方式。我希望这也表现了心理治疗关系中的情感本质，它对于病人的重要意义，以及我们可以从与这些不良情感相处的直接的现场体验中了解病人的意识。当我们以抽象名词**移情作用**（transference）来讨论病情时，很难把它过渡到现实应用中去。病人的故事不是发生在诊疗室外然后返回报告的事情；它在与治疗师的关系中以非常真实的方式发生演绎着。治疗师应当对此采取非常谨慎的态度，即身处病人故事当中，又在它展现之时给予恰当的评论。

在叙述词语中，我们可以说这个故事的转折是在诊疗谈话的过程中从某一点开始发生的，类似于从这样的情形："我冲着有恩于自己的情侣发怒"，到那样的情形："我讨厌依赖自己的情侣和心理治疗师的感觉，让我感觉自己很渺小，很失败，如果这些问题过于困扰自己，我就只好用冲着这些事情出气的办法来了结。"

你可以把这些过程描述为一种交换，某个人（比如病人）的虚构故事与另一个人（病人与我）的交换。不过，这对我来说并非要断定其真实性。我相信，大部分病人都是怀着善意把他们的生活经历带到我这里来的。这里面不存在什么"似乎"的含义，他经历了，这就是真实的，尽管他没有足够的洞察力来全方位了解生活中发生的自己不能理解而让他痛苦之事。就我来说，我信任我与病人之间的关系，也确信我对他所说的话能起到作用，那些话是基于我对他脑中所发生之事的理解。

心理治疗的目的是帮助病人填充一个个困惑的空缺，那是他们的困惑——他们意识中的困惑。当这种状态被更加完整地加以斟酌之后，通过与病人分享的第一手的经历，你会生发出病人对自己意识经验的无意识影响力的理解，你对于这种状态的看法会不可避免地发生改变，就像当更广阔的远景展现出来时，你对一些局部小场景的看法必会发生变化，有时，这些变化很戏剧化。

在工作顺利时，我希望这样去想，一次心理诊疗会谈的轨迹是从部分主观的真实到一个更大的主观真实。我认为完全的真实根本无法抵达。

◆

JMC——虽然，像现在许多出身良好的人一样，我很小心地避免唐突地使用"超验真实"这种惯用语，我承认私下里我会继续甄别历史上真实发生过和没有真实发生过的事情。堂吉诃德没有操起长矛冲向巨人，他冲向的是风车，如果他说自己冲杀的是巨人，那他就是在撒谎，或者，以更有效的方式来说，是错觉——是在虚构一个故事而不知道这是虚构。他虚构的故事可能比现实更有趣，而且，（如你所言）我们也许可以暂时与他们的故事形影相随，假装相信他们的故事是真的，就像桑丘那样（他是喜欢堂吉诃德的），来帮助像堂吉诃德这样的人恢复正常理性。但我还是反对把堂吉诃德故事中的巨人归类为任何形式的真实，比如诗性真实或更高的真实，或超验真实或主观真实。我更愿意寻找另外的术语名词，不会把我们引入困惑的术语名词。

当然，当病人谈起过去，他们口中发生的事件只是当时经历的一小部分。通常他们谈到的是自己如何思索及感受那段经历；他们如何在当下思索及感受过去的思索与感受；他们思索别人对他们的思索及感受；他们现在如何思索或感受他们认为他人对他们的思索及感受，诸如此类。

思索、记忆以及感受是比朝风车冲杀更困难的事件构想。不知道是否有希望恢复这样的记忆：病人的母亲在他六岁时的某一天朝他大发脾气，因为他把猫塞进滚筒式烘干机里，显然她当时斥责他的言语跟他现在的回忆是不一样的，比如："你这刻毒冷酷的孩子，以后长大了也是一个刻毒冷酷的家伙。"她的斥责自然就是一个事件，不过在实际操作中，我们不可能从病人多年以后另有一套的解释中将它分离出来。所以，我不妨退一步想，大部分时间治疗师试图甄别什么是真实发生过的，什么是病人以为发生过的，是无效的，因而甄别事件与诠释事件也是无效的。在心理治疗中，如你所言，真实的事件，可以作为考量的事件，就是发生在诊疗室里病人与治疗师之间的事件。

不过我依然觉得，如果对病人这样说就太过头了："你建构了一个关于过去经历的版本，这使你感觉痛苦（功能失调），让我们一起努力建构另一个版本，可以让你感觉更好受一些，会帮助你获得更良好的生活态度。"

过去的经历，无论是个人还是集体的，总是要比我们给出的任何描述都混乱和复杂。我们建构了一种关于过去的描述，使我们可以把过去收拾起来放好，不再被它的乱象困扰。但在我看来，过去似乎却是某种希望的来源，就如历史学家每隔许多年，就从架上取下已有定论的纪事再次审视一番，与事实进行对照，看它是否仍然像是真实的。

历史学家不是头脑简单的人。他们许多人都能够在两种互相冲突的信念中保持平衡：我们对历史提出的每一种解释最终都呈现为一个故事，像这类故事，我们时代的男男女女都期待在追溯中给予演绎；但尽管如上所说，我们却不能按照自己的意愿（或我们时代希望我们如此的意愿）来编撰历史。

在我看来，似乎同类型的双重认知应该为心理治疗实践进行粉饰。

能够让历史学家——或是心理治疗师——坚守职事的动力是什么？我认为是对自己从业价值的真诚信念。假如你不相信自己工作的价值，你就不可能全身心投入那项工作。这也是我想试着把这种双重认知描述为悲剧性的原因：在你真诚地相信书写了真实的同时，你知道这不是真实。

在《堂吉诃德》第二部，有一个场合，他向我们提出一个挑战。看上去，他似乎据于作为正宗游侠骑士主导地位的幻觉之外，他说：我相信（真诚地相信）以游侠骑士的标准而言，我的行为配得上我的信仰，借此，我成了一个更出色的人。你们宁愿我像以前那样——一个赤贫的西班牙绅士阶层中的一员，靠着凋敝的家产苟延残喘地等死——还是更喜欢我现在这样（我现在似乎是这样）——一个被压迫者和贫穷者的保护人，一个沮丧女仆的解救者？如果你承认我的信念已将我变得更好，那么为什么要毁了我的信念？

至此书终了，围绕着堂吉诃德的许多人物，尤其是桑丘，都回应了他的问题：我们确实更喜欢那个理想化的、变了形的、版本升级的你；这也许就是自我建构，也许不是"真实的"，但我们宁愿忽略那些局部的差异。

当然，堂吉诃德的同伴们并未让自己转向堂吉诃德式的理想主义。或者至少没有真实地转变。他们并没有说：我们发誓，我们所有的人，要像你那样来实践自己的理想。相反，他们说的是：至少当我们之中某些人实践了我们的理想时（其余的人满足于做个旁观者），这世界就变成了更生动更好玩的地方。

我承认，这回，以及之前我们之间以真实状况对应虚构作品的交流中，我执拗地专注于伦理辨意，与我自身的经历有关，早些年我从一个南非白人变身为澳大利亚白人，其间又有多年作为白人在美国生活的经历，在美国白人作为社会学意义的现实性要比在南非或澳大利亚更隐蔽一些，但仍然存在肤色区别的问题。也就是说，我是长期作为征服者集团的一名成员生活在这世上，这个集团以明晰的种族词语理解自身，殖民于异国异地并以此为自豪，但在我的人生中，由于世界历史自然形成的原因，必须严厉地修正对这种现象本身的思考方式及成就感，这样一来，对故事本身的叙述，也就是它的历史，就必须得到修正。

澳大利亚对与此有关的问题尤其关注。可粗略地概述为，如今澳大利亚的主流叙事，乃有关先前几代白人殖民主义者的移民行为——就因为他们的祖先是欧洲人，他们有一种致命的错觉，以为自己要比澳大利亚原住民更为优秀，因而就证明了他们可以征服这片土地成为这里的主人。但是（故事在继续）几代以后的澳大利亚人渐趋成熟，在经受了第二次世界大战后，意识的进化使他们对 1788 年之后实实在在发生在澳大利亚的历史有了更好、更真实的理解，因而发展了他们自己更好、更真实的历史观。

在这更好、更真实的历史中，澳大利亚白人如今仍然是他们祖先所犯下深重罪孽的继承者和受益者，这种罪孽是他们这些开明的人所不会犯下的，但是，却是他们的祖先——受制于对自身及在世界历史中的所扮演角色的错误概念——所犯下的，且没有残害道德的顾虑。

如果你讲述 20 世纪后期历史修正主义这方面的故事，显而易见，在个体心灵层面出现的某种摇摆不定会使人陷于分裂状态，因而就不可能有任何轻松愉悦的生活。我的曾祖父是罪犯（修订的故事是这样说的），我现在享受的生活正是他当年罪行的结果，因而我与他应属邪恶行动中的共谋关系。但同时，我的曾祖父又是一个勇敢正直的人，经受过艰难险阻的考验，因而他的子孙后代才能过上好日子。

在澳大利亚，历史修正主义故事的修订程度有所不同，但是与1945年后的德国修正主义并无本质区别。我们那些不太遥远的祖先算是好人——故事是这样说的——但他们是某种幻觉的奴隶。我们这代人已经看穿了这种幻觉。因而我们可以看清自己祖先的真实面目，以及我们历史的真实面目。在这种特定感觉中，我们是比他们更好的人，或者，至少是更自由的人，可以把自己与他们作一个切割。

我这种笼而统之的说法，难免会引起生硬的争论。尽管如此，我还是要申述一下我生硬的观点：我们所谈论的这个移民社会，如今的移民社会，本应是被自我怀疑所撕裂，却并没有撕裂。他们——或是他们当中善于表达的成员——会有以下说辞：（a）我们的祖先做过坏事，但他们不应受到谴责，因为他们受制于一种虚妄的信念，以及对自身的历史角色的一种错误的理解；（b）我们对自己的历史角色有着更开明的观点，以及更开明的理解；而且（c），如果（当历史展开时）我们自己被揭示犯下了与我们祖先一样的错误，那我们对此也无能为力，因为历史本然如此，那就是一个弱肉强食的故事；因此，我们最好是继续自己的生活，不必自寻烦恼。

我无意将此与精神分析进行类比，所以我直截了当地提一个问题：当一个社会（倘若没有少数异议分子）认定自己没什么困惑与麻烦，那么心理治疗该如何开始？

◆

AK——我同意，确实很难想象心理治疗能够应用于一个不承认有心理困扰的社会或是个人。我还可以给出这样的说明：一个社会，越是断然地觉得自己能够随意而自行其是地超越过去，觉得能够与过去的历史截然割裂，冥冥之中就越是受到历史的影响。

你所描述的澳大利亚的分裂认知中，共存于早期殖民者身上两幅不融合的画面，在我看来似乎就像一张针对集体不安全感的药方（当然，在英格兰，对于过去的殖民历史我们也有同样的感觉）。在你的描述中，澳大利亚对于自身作为一个文明社会的观念，似乎有赖于一个与过去历史形成对比的理想版本，在这个版本中，残酷与冲突都被删除了。但这似乎不像一种幸福安全的集体生活的基础，相反它倒成了一个焦虑的社会，其中的幸福体验非常脆弱，当记忆的叙事触及非理想化的画面时，它很容易陷入更加困惑的状态。

也许你有权这样说，在我们心理治疗的讨论中使用"真实"这个说法令人迷惑，就因为与真实有关的事情就在那里，就像事实一样，有些事是可以被拥有，或是完全被理解的（有时是在某一层面上）。我不知道，如果我们涉足一下"真实性"（这个措辞来自于存在主义哲学，它通过对个体在世界存在体验的公开回应来描述生活的理想），以及对真实生活的向往这个概念是否会有所帮助。不过，我还是不愿放弃对主体与心灵真实观念的讨论。首先，我确实认为人们能够理解这个意思：普遍性地说明："做真实的自己"可以让此信息传达无误。但第二，如果这个概念让人困惑，我认为这也许就是困惑中的意义。

在我看来，关于"真实"确有一些令我奇怪及吃惊的东西，它们确实留存在我心理分析的发现经验中。在心理分析学中，主体真实完全不同于外部真实，但你会遭遇到以外部客观事实方式存在的真实，有时候以相当突然的方式，有时候却是以逐步渐进的方式。相比之处，真实性好像是某种你可以为自己购买或是选择的东西，就像生活方式的选择，一种严肃而非繁琐的生活方式选择，但仅是一种出于自我意愿的选择而已。

心理分析学家汉娜·西格尔[1]曾写到过，心理分析的真

1 汉娜·西格尔（Hanna Segal，1918—2011）曾任国际精神分析学会副会长、英国精神分析学会会长，以及教育委员会的主任和秘书，同时是伦敦大学弗洛伊德纪念基金会的客座教授。

实是一个过程，而并非某种实际情况（书末文献索引 4）。她描述的心理分析所做的努力，本质上是通过对体验的进一步开放，来帮助病人更好地理解自己，尤其是对那种无意识却是困难而痛苦的体验。在这一认知中，完全的开放是永远无法达到的，因为心理生活就其本质而言是动态而变化的，而且在这一过程中心理防卫总是或多或少地运转着。这是一个思维过程，而非某一特定的预设终结点，这一过程会对病人产生普遍性的益处并减轻症状——我们当然对此抱有强烈意愿和预期。一个存在于事实之中的悖论是：如果病人始终过于关注某一终结点，例如摆脱某一特定症状，对他们来说，以自由及开放的方式探索他们自身意识就成了更加困难的事情，因此，他们希望的是达到某一点——症状可以被消除。

但我认为，要确切地描述任何类型的与无意识经历的真正碰撞、发生在心理分析的某一标志性时刻的情形，只能援用表面真实、客观存在或是某一事实方面的不期而遇的隐喻来表达，否则将会非常困难。当病人能够承认某件事是有意义的（之前不知道，或是知道些什么）时，他们会对自己这样说："啊，我现在明白了，这个问题其实一直存在，我现在明白了以前不明白的事情。我居然过了这么长时间才明白过来，但我已经找到了绕开它的方式，或者，我可以假装不是这么回事。但现在我确实明白了，这就像铁板钉钉的事实。"这就好像内心深处的某些方面，之前，意识本身对此并无认识，而心理治疗这个过程就是把它与当下进行对照，让病人看懂之前不曾意识到的情形。

与先前一直存在的无意识的碰撞，很像是与自身外部某个事物的突然相遇，尽管这是发生在你自己意识中的过程，因为这类事物，或经验的这一部分，之前并非自我的一部分。这种情形当然不会一直以这种方式持续下去，这种发现并不具备事实或客观的要素，而且，只要生活还在继续，它就必须被重新塑造及重新诠释。但隐喻却仍然可以传达心智中打开并发现的重要信息。

这样的解释是澄清了某些问题，还是使困惑更甚？

7
SEVEN

真实性（authenticity）相对于真诚（sincerity）。移民社会与殖民者的种族主义，乃或种族灭绝的历史（历史的延续）。为推卸责任的精神策略。当下澳大利亚的境况，以及它对于来此寻求避难者的处置。心理学的思想矛盾。D.H. 劳伦斯论种族灭绝、罪责及压抑的回归。社会精神分析层面的压抑：澳大利亚的案例。伊莎贝拉·孟席斯·莱思[1] 论社会防御机制的发展。应对冲突的历史叙述：融合还是分裂？

个体及社会团体的分裂认知。实践案例：法医助理发现发展中的人类同情心很难不对病人罪犯行为产生排斥。卫生保健系统建立的方式可以调停心理治疗师的难处。案例：卫生保健系统的防御也许体现在自身逻辑上是机能

1　伊莎贝拉·孟席斯·莱思（Isabel Menzies Lyth，1917—2008），英国著名心理分析学家。

失调的。群体心理学：理论的与实践的问题。威尔弗莱德·比昂[1]论群体生活。作为群体的思考、群体中的自我反思的障碍。

❖

JMC——我不敢肯定我是想完全抹煞"真实可信"（authentic）这个词，至少不会抹煞它的反义形式。声称某一行为是不真实的，意思是它与行动者更深层次的真义不符，在我看来，抓住精神生活的特征与真诚（sincerity）二字似乎大相径庭：你可以真诚地相信自己正在做的事情，而实际上在目光敏锐的旁观者看来你是在扮演一个角色，你并非真的诚心诚意要投入行动。

我怀疑"真实可信"这个词，确切地说，被更广泛地运用于"真诚"一词无法使用的地方了——至少在英语中（法语中的 encompasses 比英语更准确）是这样。倘若情况如此，反过来也可以让人想到这样一种现象——那些人深信绝对真诚这个说法，却不能全身心投入这种新近产生的信念。

1　威尔弗莱德·比昂（Wilfred Ruprecht Bion，1897—1979），英国精神分析学家，群体动力学研究的先驱。著有《群体中的经验》等。

不过，我承认，行为真实可信，坚持某种实事求是的操守，确实具有生活方式选择的意味。拿"真实"来说事，包括以撒谎、偷窃和诈骗为能事，只要你不装着自己不是撒谎者、小偷和骗子就行。作为社会，我们已经对"真实"所描述这类品质放宽好多码了。我从来都不明白为什么会这样。经典英语小说家（例如菲尔丁、狄更斯）通常都打算原谅种种不道德的行为，却绝对不放过伪君子，那种假装有道德的人。

你说过一个社会越是想跟自己的过去做一个切割，就越是容易在无意识层面上受诸历史影响。我对此论举双手赞同。也许已经有了阐述这类话题的书籍。事实上跟历史关系做出切割并不能说明什么，我想举述的案例是南非和澳大利亚。真正地与你的过去切断关系，从逻辑上说是不可能的，因为这似乎意味着否定了你的传承和你的祖先，否定了代表过去历史的那份最纯粹的样本，实际上你声称自己是毫无来由的新生儿。

至少在澳大利亚，实际上你会遇到更有意思的事情。澳大利亚人——他们既是早期殖民者（其中还包括一些不情愿的移居者，如罪犯等）的后裔，也是国家法律认可的移民（从精神到实际上都被认为是早期殖民者哺养的后裔）——他们并未否认自己历史上的祖先。相反，他们为自己的祖辈而骄傲。但同时，他们又认为那些先人对待这片土地上的原住民既残暴又冷酷，而他们自己却根本不可能犯下这种罪行。

我指的完全不是遥远时代的前辈：一个澳大利亚中年人一般会有这样的祖父母，他们对有色人种的态度倾向是，他们相信，在主流社会的委婉说辞中，有色人种被认为是格格不入的，也就是说，是不能被接受甚或是被排斥的。

普通澳大利亚人坚定地尊崇自己的祖先，又真诚地相信祖先有过那些遭人唾弃的行为，这是怎么回事？部分原因是，他们通过求助于时代精神来达到这种认识。在过去时代，他们祖先的时代——同样流行着时代精神的叙事——种族主义就像毒气似的飘浮在空气中，侵入每个人的肺部。我们的祖先不情愿地吸入这种毒气，然后，不管情愿不情愿都成了种族主义者；不过，并非真正意义上的种族主义者，（比如说）并非像希特勒那样的种族主义者。他们的种族主义不是某种主动姿态，不是自觉的种族主义。他们变成种族主义者有点像是人得了流行性感冒；仅仅是他们肌体的一部分被感染了。以今天的标准来看——今天的时代精神——我们的祖先可能在道德上是有缺陷的。可是道德标准随着时代进步而发生了变化——我们对此无法干预（这故事仍在继续）。我们今天的道德标准似乎挺适合我们，毫无疑问，他们的道德标准在当时看来似乎也挺适合他们。所以，从我们有利的角度来看，在我们的时代精神中，我们理所当然地否定他们在自己的时代精神中制定的道德标准（否定我们的祖先可能不太公平），就因为我们成了各种标准的阐释者。

我最近看了根据我的《伊丽莎白·科斯特洛：八堂课》中的故事改编的电视剧。伊丽莎白好奇地打量着自己的周围，她问自己，她的同胞怎么居然都是屠杀活物、吞食尸肉那般阴暗契约的参与者（阴暗的意思是那种行为避开了公众视线）。是不是那个假装不存在的事实让她感觉不对，而她固执地想要看到的邪恶其实不存在？

伊丽莎白的思想状况我太熟悉了。我那些邻居都是和蔼善良的好人，怎么可能是那号人的后裔（他们合法地屠杀其他生命，就因为它们不是人类）？更关键的是，我自己怎么可能是这号人的后裔？事实上并非我自己和我的思想出了什么差错，并非我与时俱进，以过度敏感的方式拒绝接受那些好好坏坏的观念，也就是说道德并非只是具有词源学的意义：那不过是民情风俗，社会习惯？我才不是心理变态？

我不是以冷静和科学分析的态度来写作的，而是受到情绪的影响。尤其是在澳大利亚国会决定重新修订难民收容法之后。新的立法威胁要把那些未按规定程序申请避难者送到某个凄惨可怕的岛上，无限期地羁押在那儿。所谓按规定程序申请，是要在国外某个难民中心填写表格，在漫长的队列中等待，而那些难民却宁愿付给蛇头一大笔钱，把他们送到尽量靠近澳大利亚大陆的地方。

这种故意而不予通融的惩罚，完全不是针对犯罪行为的，因为它意在阻止以"不合法"方式（更确切的说法是"额外收费通道"）寻求庇护的行为。这则冷酷的新闻故意向难民传达了一项信息，那些试图以"不合法"方式取得难民资格的人不配获得庇护，他们最好是待在自己国家别出来。

你可以自信满满地说，一两代以后的澳大利亚学龄儿童，将在历史教科书中读到前人在 21 世纪初尝试过的所有的手段来阻止亚洲人涌入澳洲的移民潮，通常的手段是不正当的（如不人道的）。幸运的是，历史课本还将不断更新，随着时代精神的变化，更开明的观点也会成为主流。因此，我们大可不必过于着急，教训会到来的，我们的祖先会遭到谴责的：他们只不过是自己那个时代的孩子。

这想象中的历史教科书的修辞策略，正是我们今天同样使用的策略：我们给祖先的道德设限，使他们不至堕入不道德、不文明的种类，因为事实上他们是孩子，而我们是成人。

作为双重思考策略的道德评论，我想表达的意思多少还算清晰。我现在仍然纠结于心的是，如何把这个策略放置在心理学的框架内。这个策略肯定有其心理学的维度，因为其中有一个自欺功能：它能使我们在保持正确观点的同时却又不必让自己完全与过去脱钩。在某种程度上，它与家庭虚构幻想描述相符：那些糟糕的人不是我的父母，我真正的父母要好得多（更体面更像样）。但此外我就不能够更深入下去了。也许，想要尝试将个体心理学的特征转移到集体心理学，始终是一个错误。

你能给我些指教吗？

◆

AK——无中生有的想象也许从逻辑上来说是不可能的，但在心灵上、精神上却并非不可能。

你描述的澳大利亚社会对于殖民者祖先对待原住民问题上持有分裂的观点。这是一幅殖民者为主导地位的仁慈而理想化的画面，他们扮演了高贵的开拓者，只是做了应该做的事情（如果你赞同这个版本，你就会发现自己的表达足够委婉），因为这就是那个时代的人的行事方式；毕竟，换言之，他们是自己时代的产物。至于对另一个版本的认识，其中白人殖民者对原住民大量令人震惊的残酷行为，却有认知分裂的特点，相对而言始终难以为公众意识所接受。在我看来，真正的事实不在于这一版本或是那一版本，而是某种程度上两个版本的融合。

大部分认为自己祖先本性不坏的人，通常持有那种认知分裂的观点，但对少数人而言，他们却盯上了另一种变态的、更加令人不安的版本。我认为，对于一个社会群体而言，在某些真正重要事物上的认知分裂，正是产生颠覆因素或地下运动的原因。

如你所说，分裂的目的是维系与过去的链接；不过，这不啻一种毫无裨益的链接。这种理想化的链接，自然是建立在对自己祖先更正面认知的基础上，旨在消除某种危险，即现在那些忙于以更完整更接近的方式对他们的历史作出负面评价。你提醒我这些事件的由来，并未让人感到意外，因为它们似乎已被交给了尘封的历史课本，跟当下远远地隔离开了。

你关于最近澳大利亚移民法案进展的叙述，提出了一个问题。如果人们对历史的认知取决于抹去那些令人不快的方面，无视其他那些想要分享地盘的人的普遍的惨痛和非人道状况，那就不能解决当下的一个关键问题。这个问题不能交付给历史，只能由我们这些人继续面对，并着眼于如何在世界人口快速增长的境况下分享我们这个星球的资源，解决人类冲突及自然灾害等问题。事实上，你可能会说我们尽量不去触及这些问题，而这样一来，就会反复出现新一轮的惨痛和非人道状况，重演的概率非常之高。

让我转向自己工作中一些几乎不起眼的案例，以进一步探索这里的问题。十年前，我投入了一系列探索性研究，通过对法院心理咨询人士的访谈，深入认识到具有挑战性及复杂环境的工作对人的影响。这些人的工作密切接触那些人格失调的男性罪犯，对方具有长期的、普遍的心理问题，曾有过重大犯罪行为，通常是性犯罪或暴力犯罪。

访谈清楚地显示这些人士对那些有着病态人格的罪犯的看法是何等分裂，他们想在自己意识中将病人与罪犯融为一体有多困难：这些脆弱的人，理应得到同情、关心与慈爱，也正是这种人犯下过伤害脆弱者的可怕罪行。他们苦闷地描述自己无法调和的分裂心态，感觉很难带着这种双重认知生活下去。下面是一名护士的言述：

> 有时候，我想我是否应该对他少一些断然的评价，因为你知道他有时会表现出十分容易受到伤害、十分羸弱的样子……而且你一直在想："好吧，你说你不

是一个易怒的人，你被动而顺从地坐在这里，但你却以极为凶蛮的方式杀害了一个人。"你知道在自己的意识里，每一件事都是相互矛盾的：你所见到的行为举止……而你又确切地了解他们之前的所作所为，他们的罪行多么残暴，而他们在你面前的样子又真的是……这几乎就像是在玩游戏，病房中的一切似乎都是不真实的。

这个修复性的工作，当然，就是各个方面的权衡估量：帮助罪犯病人在处理各种关系中出现的深层问题上恢复自制力，修复他们的自身创伤和脆弱，控制他们残害他人的心理过程。为帮助病人，工作人员也要能够做到：他们必须看到更完整更全面的图景，对于受害者与加害者的关系能有正确的理解。

在研究中，我相信服务于这类特殊患者群体的方式已经在英国建立起来了，这种内部设置的封闭性服务使得一般工作人员处于令人反感的境地。工作人员整合病人意见之难在这里可以得到最好的理解，问题不是来自病人，也并非来自工作人员，这是人类困境中未经证实与不被理解之间相互作用的结果。作为一种案例，工作人员说出了他们的孤独与隔绝，既是在社会中的不被理解（对于这类病人及工作人员的普遍敌视态度），也是在更广泛意义上的医疗环境中的不被理解，其结果是他们不得不过度依赖自己那个很小的紧密交织的圈子。这也意味着，当他们与病人的关系在某种程度上过于亲密或者过于僵持时，往往不太愿意求助于同行，即使他们完全清楚同行的帮助是多么重要。

这些工作人员觉得自己隔绝于社会上的心理治疗和身体治疗行业，他们只是一同被抛弃在锁闭的门后的一小撮同事和病人。难怪他们的关系变得如此紧密——强烈甚至病态的紧密，也难怪这些工作人员很难在他们的环境中找到恰当的心理治疗术语，或是人文术语的描述方向。

在这类社会环境中，有些事物一度是以防卫方式组织起来的（在这个案例中，是人们面对恐惧的公众防卫），但是到头来成为对某项重要工作（降低这些人再次犯罪的风险）的阻碍，这就是伊莎贝拉·孟席斯·莱思称之为**社会防卫系统**的症候群（见书末参考文献 5）。这个系统发展了它自己的生命体系，个人在面对这一系统时最终会感到相当无力。他们渴望达到一个更完备更相容的理解程度，以使他们的社会更美好更包容，但事物建立的方式、规则、程序，可能形成的关系类型，都与此发生强烈的对抗。

这些观点对你所描述的澳大利亚状况有参考作用吗？

◆

JMC——让我赶快说一声，我并不想把我自己的评论局限于澳大利亚的殖民时期种族屠杀——事情远非如此。

你回应分裂的论说——肯定与否定并存的观点——让我想起 D.H. 劳伦斯关于殖民地化及其精神创伤的评论（见书末参考文献6）。1923 年，劳伦斯评述小说家詹姆斯·费尼莫尔·库柏[1]的一篇论文对于那种后续效应是这样说的：阿兹特克人和印加人已经消灭了，因纽特人和巴塔哥尼亚人以及"北美红番"亦减少到可控数目内，而且永远不会收复曾经属于他们的土地了。只要印第安人是可确定的敌人，殖民者就不会受到"美国心魔"的影响。但是现在印第安人的最后内核已经破裂，殖民征服者的后代将不得不面对这个心魔和它的全部精神冲击力。

作为一个先知，劳伦斯（这番话）并未让我确信：美国也会被它过去蓄奴的历史所困扰。可是美国人在这片偷来的土地上肆意践踏，我几乎看不到有何迹象表明他们对此有一丝罪疚之感。让我感兴趣的是劳伦斯对他们这种症状的评论：一旦这片土地上的原住民消失了或被认为化作

1　詹姆斯·费尼莫尔·库柏（James Fenimore Cooper，1789—1851），美国小说家，著有《最后的莫希干人》《杀鹿人》等。

乌有了，他们（好比说）就会作为一种内在力量，内化为字面意义上的被压抑者的"回归"，入侵与占领征服者的心灵。因而，正如劳伦斯所见，存在着两个殖民征服阶段。在第一阶段，原住民以一种明确的方式被认定为敌人，被围猎与杀戮。在第二阶段（假设是受罪疚困扰的）阶段，被消灭的原住民鬼魂侵入殖民者的心灵，使其自我分裂与自我搏杀。

以方法论而言，对我来说，似乎需要一座桥梁，以跨越个体心灵及其在集体中的压制与分裂过程之间的巨大鸿沟（我对于写下"集体意识"或"集体心灵"的字眼有所迟疑，因为这类概念存在严重的问题）。但是我想，如果你运用心理分析的洞察力，仅把它当作一种隐喻，而不是装着在做心理分析，通过对某种社会行为的思考（至少在公共话语层面上），尽量避免令人不快的话题，尽量予以认可，而让沉默的人们努力回忆他们过去的历史，应该会获益良多。

这样说吧，举一个显而易见的例子，在澳大利亚这样一个国家，向人们询问这样一个简单的问题，在我们这个时代已是一件非常困难的事情：那些做了坏事的人——就是说，我们的祖先——是否就是坏人？来自公众的回答，或是来自公众代言人的回答，往往是一番冗长的说辞：承认过去的错误非常重要，甚至应该正式道歉；但同时我们不应该沉湎于过去，而应该向前推进。同样以更成熟的见解做出回应的，甚至可以让我们参考弗洛伊德论悲痛与忧郁症的观点：对于过去历史悲剧事件产生的哀伤是正常的，而且亦有助益，然而，出于罪疚的伤痛和遗憾（这是人类对此类事件的正常反应）倘若一直持续下去，却会让我们陷于毫无益处的忧郁症之中。

澳大利亚人甚至还带有些许不耐烦和恼怒的情绪：这些人（比如原住民）怎么就没完没了地纠缠着过去，纠缠那些过去施加在他们身上的错事呢？过去的事情已经过去了，我们根本无法改变什么，说真的，他们为什么不能放下这一切，埋头过自己的小日子呢？

由于你的建议，我读了伊莎贝拉·孟席斯·莱思关于医院护士的文章，我觉得她的观点很有意思。尽管我从未在医院工作过，但我曾在某些机构工作过（机关、教育部门，甚至短暂地在中学里待过），在那里，我震惊于集体文化竟如此**退化**，公共层面上起作用的激情竟如此原始，这一切同个体的成熟与世故形成鲜明对比（我说的"文化"不是你或孟席斯·莱思所采用的术语，但如今它似乎已经接管了这个领域）。

我完全能够理解那种与罪犯打交道的实实在在的工作

实践——就像你曾在司法医院工作过——抑或在常规医院中照料病人，都会导致相当严重的无意识焦虑并激发你和孟席斯·莱思所描述的防卫机制。但我想把重点放在让个体防卫并入集体防卫机制的那种共谋，它会逐步进化制裁机制，以应对不想加入——用孟席斯·莱思的话来说，不想**融入防卫体制**——的新来者。

孟席斯·莱思提到"展现个体之间共谋的互动关系，以及将心灵防御系统的相关元素具体化"。我试图想象一下这种共谋是怎样发生的。举例而言，也许是某些领导者的出现，确定了先例，并施加压力于他人，迫使他们遵循这种先例；抑或是，也许这是一个更为直观的过程，更像是我们也许可以姑且称之为集体心理的运作？

不过说到发生共谋的互动关系，我认为重要的是追踪它们的进展以及作用。当好消息散布开来时，我不知道它是否出于共谋互动关系的作用；可是当恶意的流言散布开来时，我的直觉是，通常作用于其中的必有共谋互动关系。你只需想想校园里，某个有特点的孩子莫名其妙地被人当作排斥的对象。我的猜测是，孟席斯·莱思可能会说共谋互动关系只是适用于恶意的传播散布，因为这个过程基本上是一种退化（这大概就是为什么群体让人觉得比组成这一群体的每个个人都要原始）。

我要看看某个群体退化的观察性研究：比如像医院或健康服务机构内部的防卫机制是怎样建立和发展起来的，是怎样将规范与标准加诸这一群体的新成员，或让他们接受的。有一些小说家将流言所起的作用描述得非常到位：如何将受害者排斥在社会之外，与主流势力作对是多么艰难。简·奥斯丁就是这样的小说家，帕特里克·怀特也是。

罗马诗人将流言或公共舆论视为超自然力量，或至少是怪异可怕的力量，归于所谓的 $fama$[1]。

所以，总而言之：我想了解的是，从理论层面上，人怎样从个体进入群体——概括而言，人是怎样从个体心理来归纳总结群体心理的。谈论群体心理能够说明什么问题吗？或者说最好还是将自己限制在谈论一套被群体所遵循的行为之内，这套行为也被个体心理过程所支持，两者甚至以某种方式保持一致？

在这种关联之中，我想要质疑你的建议，在面对历史事件两种相矛盾的判断时（例如，澳大利亚殖民是一种良性过程；澳大利亚殖民是一种残暴事件），你应该追求"两者的某种融合"。融合，再融合。如果两种解释确实针锋相对——而且，不用说，如果你有情感投入其中——那么，就

1　fama 相当于希腊语 pheme，意即名声。此处的意思是：名声即流言。

不太可能有一个总体上能够消除冲突的解释——也就是说，不会有棕色，棕色既非红色也非绿色，只是将红、绿混合在一起的结果。融合必然是可能的——如果不这样，我们可能都成了半疯狂的、分裂的东西了——但如何做到这一点，如何获得我无法完全看到的"真相"。我在这一刻看到的只有婴儿和乳房。乳房是好的，乳房是坏的：两种截然不同的判断。怎么可能它既是好的，同时又是坏的？真相到底是什么？难道这就是分裂的源头吗？

◆

AK——你想了解如何从个体心理获得群体心理。从个体层面出发，然后向上寻找，似乎很符合逻辑，但我不能确定这是最有效的途径。也许更好的方式是从群体生活经验出发，从它特定的性质与产生出发——尽管就本质而言这是很难做到的。因为，我认为你作为一个个体无法令人满意地达到这一目的；或者说，你至少要费心斟酌这样的问题：对于理解多元意识或群体实体而言，个体意识是如何发生作用的。我们所有人都是群体中的成员，都有群体经历。但我们显然只能通过了解那些个体或总体中很小的部分。

伊莎贝拉·孟席斯·莱思在写下这方面的论文时，是将群体作为一个群体来研究的（见书末参考文献 7）。我理解这意思是，作为个体，我们去认同其他个体总是很勉强的，但是，当个体思想汇聚起来去面对这一问题时，当众多身份认同可以借鉴利用时，思考群体生活的复杂性就会变得更可行。

我认为你看重群体心理的原因，是你成长于南非的种族隔离时代，见证了第一手的大规模群体退化。而我，从另一方面来看，成长于相对和平与稳定的英国。我没有出生在英国历史上更可耻的那个阶段（尽管现在，在这个高度资本主义的野蛮时代，我有时认为一场默不作声的国内战争正在发生，其中，利益追逐与个体的贪婪正将社会和公共价值死死地拖入争战之中）。

我对于群体生活的兴趣始于司法医院的工作环境。在那里，我一再看到那些出发点良好、训练有素的工作人员竟不假思索地以最不人道的方式来对待病人。这些地方的文化也是受到压抑的，我工作过的一家医院里有一种强烈的氛围，在那些锁闭之门的机构中忽略那些属于你个人的非工作时间身份，使你成为群体中一员，那是一种印象深刻的经历。工作人员都挺享受这种感觉：放弃个性，但同时也感到困扰。

我曾经开发过一个针对临床心理学培训课程的团队学习任务，帮助那些受训者学习英国国家医疗服务体系（NHS）的组织文化。他们实施的是详尽具体的一小时观察项目——在当地的国家医疗服务机构内不同情境中进行观察（主要是对工作人员和病人群体的观察），然后把观察资料带给某个督导团体以帮助梳理分析。他们被告知，要以全新目光打量所观察到的一切，要对周围所见到的一切抱有好奇心，同时，尤其要留意他们自己对所处情境的反应，以及他们在观察时段的感受。

我们的督导团队只有过四次会面，但对这些团体进行心理分析培训却长达两年。现在来看依然很有意义：那些临床心理学受训者利用督导团体来扩展自己对发生在某个病房或服务机构中那些状况的理解，从对某个隶属群体或个体深感同情的位置转而成为一种参与更广阔的社会动态的状态。这些受训者的典型模式是支持病人，站在工作人员的对立面，震惊于他们亲眼所见的病房人手不足和资源匮乏，关怀与同情之缺失。团体内的讨论把这些事情都敞露开来：有人更深入地思考病房内工作人员的生活状态，或是某个以某种方式引起了他们注意的人的状态，把他们自己在相似病房或单位的经历联系起来。最初平面化的人物，开始有了立体感，于是这些受训者换一种心态对此进行第二次观察。

我的感受是，为了进入对群体文化的某个方面的理解，你必须把个体的身份认同与观察提升到群体层面来考察，找到你所感兴趣的群体话语，它的目的（这些通常不很清楚，并且总是被目的的错觉所遮蔽），以及它所面临的争斗。必须有一定的术语被用来描述观察所见，而我觉得我们——当然是在盎格鲁-撒克逊世界中——描绘群体的语言远不及描绘个体的。

威尔弗雷德·比昂的观点认为，群体有他们自己的生活状态，他们自己的动态，这些不应该被降到个体心理学层面来研究。在他的论文集《群体体验》(*Experiences in Groups*，见书末参考文献 8）中的一篇文章里，有一个主题很有意思。他写到第一次被邀"参加"一个群体会议的经历，他参与的目的是了解群体生活。他描述自己被群体的其他成员视为群体的潜在领导人，是多么不合适、多么唐突和荒谬的。但是，即便如此，他依然有力地表达了一种成为领导的强烈而又困惑的愿望。在这个群体甚至还没有意识到他们正在做什么，以及他们将如何去做的时候，他们就已经将这个愿望投射到他身上。

为什么群体的行为会如此失控，为什么群体动态会如此强烈及具有毁灭性，原因之一是，一个群体作为一个整体很难进行恰当的思考。因为一个群体作为群体自身的反映是相当有成就感的。一个群体或一个社会想要找到一条途径去思考它的实现功能的行为，它对自身的好奇，首先要让内部成员对此行为达成某种协议，然后去决断并发展架构和程序以支持自反性活动。人们一再所见的是群体不屈不挠地企图达到这一目的，却一再为有问题的行为所折磨。等级森严的组织一次接一次地开会，会上，下属们只是被简单告知去做什么；组织中的管理者与成员从不彼此交流，组织会安排会面，但都是单独会面。换句话说，协调思考群体的行动本身就是思考群体的一项任务。

个体只需考虑自身——当然，这亦是相当困难了！

8
EIGHT

　　群体体验：音乐、足球、狂热的宗教。群体内共享的
"知识"。关于群体思考的理论问题。个体对照群体：个人
在南非的经历。民族主义作为倒退的群体经验。比昂论群
体思考。尤金·马莱[1]论群体灵魂。出生于一个大（扩展
的）家庭的经验。群体活动的本质，过去和现在。群体劳
作与异化。志愿的对比非志愿的群体成员。学校班级作为
群体。教室里的**退行**。少年帮派。

　　正面的、非退行的民族主义。对群体智力的理解。群
体的新生儿经历。作为基本群体的三位一体家庭。作为群
体努力的国家健康服务体系。国家健康服务体系在当下的
异化。家庭作为在群体中获得成功的训练场。恋母情结的
发展。抑郁状态（克莱茵）当它对群体生活产生影响时。

1　尤金·马莱（Eugene Marais，1871—1936），南非律师、博物学家、作家
　　和诗人。

"三角空间"（罗纳德·布里顿[1]）以及自我对群体的适应。未能获得第三空间的结果。

❖

JMC——某一天我打开收音机，有人在演奏《哥德堡变奏曲》。我觉得这是很有意思的演奏，就我的品位而言，有些过于罗曼蒂克，却值得深思，富有魅力。接着我听见一声压抑的咳嗽，表明这是现场演奏，或至少是现场录音。看来，我独自在家，却处于群体中聆听音乐，或者说，那是一大帮陌生人，一个被录下的群体。

我看不见其他的聆听者，不知道他们在现场的位置，不知道他们都是怎样的个体，然而某些共同点将我们联结在一起：我们都放下手里其他事来欣赏（原来是）安吉拉·休伊特[2]的演奏。我们聚集起来聆听我们熟识和仰慕的钢琴家——当她将自己袒露于音乐之中，通过她，我们转而向音乐袒露自己，让音乐将我们全部接管。在她演奏期间，我们，好比是我们的游魂，在爱意中——我找不到更恰

---

1 罗纳德·布里顿（Ronald Britton，1927—　），英国精神分析学会的训练
　　分析师，群体动力学研究的先驱。
2 安吉拉·休伊特（Angela Hewitt，1958—　），加拿大钢琴家，被誉为
　　"巴赫演奏女王"。

当的词——相聚。从我们的共同的团体（由意识承载的共同体）——虽然不在同一物理空间——那种流淌的爱意通过那位俯身于键盘的僧侣般的演奏者直接流向约翰·塞巴斯蒂安·巴赫，然后越过他，直接传向任何人和任何地方。当然，通过音乐，我们感受到某种爱意流向我们（否则我们为什么会在那儿？）。

然后，乐章结束，经过好一会儿的静默，才有人敢鼓掌。

我所描述的是一次群体的体验。在这种体验中，个人的自我意识被抑制或消减了。这世界突然间变得不复杂了。你和一同聆听演奏的人融为一体，处于一种温和的痴迷状态，我们日常自我以外的状态。

在观看足球比赛的观众群体中，我们可以看到高雅程度略低的群体痴迷版本。有些人去看足球比赛，与其说是看足球不如说是享受群体体验——当然，除非这个群体是有组织的，有倾向性的，在一个极有魅力的事件中，即在一场竞赛中，强烈地聚焦于群体中的某些个体成员。

如果你对群体现象有抵触，你会将之称为暴民（mob），来自 mobile vulgus[1] 一词，那些街头乌合之众激情

1　mobile vulgus，拉丁语，原意指善变的人群，演变为英文 mob，即暴民。

变幻不定，易被点燃，不可预测。这就有了一种诸如大众或是暴民心理的产生，但是否可以同时将之作为个体心理来讨论，尚可商榷。事实上，人们是不喜欢独处的，感觉这是某种压抑，觉得自己与别人热热闹闹地相处在一个群体中，才是恰如其分的生活状态。在一个社会中，我们的惩罚方式是把一些人隔离关押起来，所以，长时间的独处并不愉悦，这肯定是一种社会共识。

你所提出的怀疑是：从个体心理学转化到宽泛意义上所称的群体心理学，是否有可能，或者是否有益处。我当然同意，使用个体心理学作为途径去理解大众"心理"是非常困难的，正如个体心理学不能帮助我们去理解普遍意义上的痴迷状态，因为痴迷状态是对自我的脱离或放弃。

不过，你在更深层的关系上提出了问题：我们如何将群体作为群体来认识，是否相对于把他们作为多重个体来看待？而且，援引孟席斯·莱思的说法，你倾向于认为一个群体也许通常要比任何一个单独的调查者更能理解另一个群体。

关于群体的思考，如果我们摆到大众层面甚至更大范围内，真要说在某种意义上哪些群体能够理解另一些群体，尽管作为知识分子，我们几乎发自肺腑地对这种认知抱有怀疑态度。我想到那些历史上有着长期冲突的相邻国家或相邻部族，它们彼此了解的途径是什么。因为它们是邻居，对彼此间的一般事物都很了解；但它们的了解，或是所了解的东西，在总体概念上往往带有某种偏见（苏格兰人吝啬精明，英格兰人容易背信弃义，诸如此类），都经不起论证：可以这么说，这是文化的一部分，因而无可细究。

以知识分子的意趣，我们自当摒弃这类固有的不恰当的知识。但既然这种说法已经被它的使用者明确认可（"我们了解某种意义上你所不了解的苏格兰人，自古以来我们一直毗邻而居"），我们应该谨慎对待之。

需要进一步提醒。痴迷状态一直是全世界宗教经验的一部分。有基督教（太多了）、犹太教（哈西德教派）、伊斯兰教（苏菲派）等各种痴迷变体模式。这些宗教"超乎寻常的"或是合乎情理的信仰倾向变体，轻视痴迷变体模式，认为那是一种退化，一种屈从或返回神圣的原始方式。我认为，在我们对群体心理的思考中，应该警觉那种"超乎寻常的"的偏向对于非理性（"不合情理的"）的逆反，警觉一开始就假定群体心理学必然是"原始的"，因而是不复杂的偏见。

当然，你的兴趣、职业和生活都在群体范畴——小于大众范畴——之内。你指出，群体通常更容易被其他群体所理解，诸如研究团体较之个人研究者；接下来你写了很有意思的有关研究者团队内部的心理动力。你观察到，至少在盎格鲁-撒克逊传统中，可用来描述群体现象的技术性语言是不发达的。

就我而言——对此我无法提供任何可以支持的证据——那些比我们的文化更广泛公有的文化——比如，传统的非洲文化——拥有比我们更好的思维工具去覆盖这一领域，比我们更善于思考群体现象。不幸的是，我们无法援入这种思维工具，除非我们将他们的全部文化以及整个世界观都一并援入。

你暗示说，我对于群体思考的兴趣，可能出于我在南非种族隔离时代成长的经历。

这也许有道理，但我的兴趣发展路径并非像从外部看上去那样笔直。那些南非白人——我出生的所属之族群，我与他们有过某种剧烈的对抗，尤其在我童年时代——他们必然抱有一种非常强烈的意识需求（至少贯穿于 20 世纪，如今也不全是这样）：大家要紧紧团结在一起，以对抗一个充满恶意的世界；他们也产生一种非此即彼的倾向，将人们划分成支持者和反对者两拨，二者之间没有过渡地带。于是，一种同这个群体的更复杂的关系——诸如我曾经经历过的那种——便因此被排除了。

然而，来自上面的压力，来自领导层更具意识形态元素的压力，为了爱国精神或群体意识的有组织的宣示——群众集会或军事演习，例如纳粹德国引起的联想——我在普通荷裔白人当中却从未觉察到对此有多大的热情。你不应该忘记，荷裔白人在英布战争[1]中有过他们最好的时光，当时他们设法组织起一支非常规却高度有效的战斗部队，与其说是以群体纪律来约束那些战斗人员，不如说更多是个人主义发挥作用：男人们（我在犹豫是否该称他们为士兵）认为他们有权利放弃他们的战线，套上马鞍，骑马回家过周末。作为一种生活方式，尚武精神要求我们放弃个人判断能力，服从于主流的群体激情。加尔文教派是荷裔白人所在地的主流宗教，这是一种崇尚理性、质疑非理性力量的宗教。这就是加尔文教派在南非逐渐失血而亡的主要原因，它的成员都被有蛊惑力的教派吸引走了。

所以，我的童年与南非白人族群相抵牾，我并非反对那种在非理性主义下的会吞噬包括我在内的所有人的体制，而是与荷裔白人的必胜信念相冲突：荷裔白人的小布尔乔亚价值观，包括它充满敌意的偏见，对大众话语权的控制——即使发出最委婉的异议，你也可能被无情地扫地

1　英布战争（Anglo-Boer War）：又称布尔战争，指英国人与荷兰移民后裔（即阿非利堪人，又称布尔人）为争夺南非土地而进行的两次战争，第一次发生于 1880 年至 1881 年，第二次发生于 1899 年至 1902 年。

出门。

　　我自己的家庭自然给我提供了一些莫名其妙的道德教育，我也就像所有的孩子一样挣扎着去弄明白自己在这世上的地位。我最直接的记忆是我的母亲，在个人道德层面上（我认为）她与他人的关系是令人钦佩的，尽管如此，她却是一个种族隔离支持者，就算不支持种族隔离作为一种社会制度，她也认为应该是这些白人来掌控这个国家。（我母亲像大部分人一样"不问政治"：他们认同的是领导人，而非政策。）在这个案例中，像我母亲这样的人，当然可以说是精神**退行**，其心理波动产生于成为自我还是成为南非白人之间。

　　因而，为了直率地陈述这一命题，我对此的毫无保留的说法是：民族主义（部族意识）是一种退行状态；如果说群体（群体思想，群体行为）是我所关注的，那是因为，在有生之年，在付出一定的代价之后，我已经反应性地克制着自己朝向群体退行了。

　　付出一定的代价，是因为我认为退行是人类自然生命的一部分。我甚至可以说，阶段性的退行也许是精神构造的一份本能，是我们保持健康（保持"平衡"）的方法之一。

　　几乎不需要说明威尔弗莱德·比昂对群体感兴趣的原

因，因为在 1914 年至 1918 年期间 [1]，他身处的世界已退行为群体疯狂状态，而最疯狂的特征就是显示出极端的理性（例如：军事计划）。如你所见，很难做到整体思考；也许有必要（如你指出）先设计一种可以谈论群体思维的技术性语言。在这方面，你也许可以通过反思什么是思考开始。使用同样的词语来描述个人所为和群体所为，是一个好主意吗？当我们认为自己正在思考时，我们在做什么？

关于我对群体意向的兴趣产生，可作进一步的补充说明。古斯塔夫·勒庞 [2]（弗洛伊德曾经很仔细地阅读过他的著作）之后的一代人开始研究大众心理学，南非白人尤金·马莱出版了一本研究白蚁种群的著作，主题思想是：每一个种群都是拥有一个单一的、共同的集体思维（见书末参考文献 9）。马莱在书中清楚地表明，那种单一的思维并不能作比喻意义上的理解：它确实是一个思维，超越单个白蚁智能的总和。马莱是诗人、医生、自由知识分子，他还写过一本书，关于进化历史中个体意识从群体中分离之时刻。

1　即第一次世界大战期间。

2　古斯塔夫·勒庞（Gustave Le Bon，1841—1913），法国社会学家、社会心理学家。其代表作《乌合之众：大众心理研究》是早期群体心理研究的权威著作。

◆

AK——听起来，好像你几乎将任何一种与群体有关的强烈感觉都与退行联系在一起。当然，人类最大的成就往往是团体协作开发的结果，正因为如此，才有共同认定的强烈感觉。音乐会或足球比赛中的大众也许享有某种相对不那么复杂的群体经验，他们感觉身处一个更大的合而为一的群体中，此时跳出了自我，超越了个人意识的边界。但是赛场上的团队或乐队中的音乐家们却要竭力守住自我意识的边界（与观众正好相反），在一个复杂的整体之中理解自己的那一部分——或者说，至少他们努力这样去做。

同样，我认为民族主义不是一种退行本身的形式。需要鉴别两种不同的民族主义，一种是作为一个民族群体以其成就而生发出值得为此骄傲的感觉，另一种是民族主义情绪或沙文主义那种煽情，出于需要支持自己这一边，以压倒另一边——通常有带攻击性和威胁性的行为。如你所指出，这种类型的民族主义往往伴随着对其内部异议的极端压制。真正的或正义的民族骄傲应该是民族内部及民族之间更好（绝不是更坏）关系的基础。

你上面的论述让我重新思考自己之前所写的文章，对于群体的思考是把它作为群体而不是众多的个体，其意义何在。我仍然认为从技术层面来看还是有其价值的。我一直对那些从事群体与家庭心理咨询工作的同事印象深刻，他们经常在心理诊室里观察和理解人们在群体层面上的行为，而不是纠缠于某种个人或群体内少数人的经验。我前面提及比昂，他在文章中写到，早期的心理治疗团队（他在第一次世界大战后经营管理的团队）倾向向他表达一些强有力却毫无理由的期望：这些期望不一定存在于团队里任何一个个体的头脑中，却通过群体作为一个整体的行为方式强行传达给了他。

然而，结论是：群体是一回事，群体中的个体们又是另一回事。这一结论不应该从这类观察中得出，尤其是在观察中发现群体的态度无法以任何一种直截了当的方式呈现于群体中的个体意识之中。之所以很容易陷入这个圈套，是因为群体和个体这两者看上去似乎相距甚远。例如，在我的培训工作中，同事与我通常会以这样的语言分享观察结果："这帮学员很难搞，但是，你放手让他们自己去干，情况就不同了。"

在我看来，似乎一个群体在所有的个体成员都能知情的基础上行事，他们对事情具有真正意识清醒的把握，有如国家行政生活中功能完好的民主制度，在这种情况下，个人和群体生活会有紧密的联系。不过，另一种情况通常会占上风，群体（整体或部分）行为几乎无法被群体内的个体成员所理解——或者说，至少他们许多人是这样。在这种情况下，行为可能被理解为所有群体中的个体成员所做贡献的结果，不管贡献是大是小，可是许多个体成员并没有意识到他们为群体做了什么，或是他们所做的事情的真相。个体的体验，与该个体所在群体的精神和行为是可以让人感觉是非常脱节的。这并不意味着它们彼此是没有联系的，而是意味着我们需要努力去理解它们关系的本质。

就社会学与心理学的使命而言——以我的看法，挑战在于让个体形成他们在群体中角色的理解，在整个群体中找准角色定位，对群体来捉，无论是大是小，要帮助个体做到这一点。

我发现，这有助于我们回归到生命之初，更好地理解个体建立与群体关系的本质。我们知道初生的婴儿完全依赖母亲或是全职护理者，而且婴儿能够极其敏锐地感受到母亲的在与不在——婴儿的全部事情就是等待，等着喂食、清洗或是被抱入怀中。不过，新近的观察研究还强调婴儿对自己出生时的多重关系也有着强烈兴趣——双亲和同胞兄弟姐妹的声音，父母关系以及母亲的其他社会关系的大致感觉。在我的想象中，我们所有的人都是从一开始就形成了我们出生在其中的社会群体的概念——人际关系的本质，以及我们在这种关系中的位置。

说起婴儿对家庭和社会生活的最初体验，其注意力集中在个体与群体关系中的独有特征，这里面包括我们的人生（也包括救助与激励）对它依赖的程度，以及它让我们面临自身重要性之局限的事实。我们只是群体中的一个。在有些关系中我们是被拒绝在外的，甚至我们最爱的人也会把注意力从我们身上转开，与我们有不同的，有时甚至是极其不同的看法。所有这些都相当令人不安，但是，我认为，为了理解群体的行为方式——或者我应该这样说，为了理解群体中个体的状况——在最基本的层面上，这些是相当关键的。

最小的群体，就我个人而言，是三个人。这是因为一个群体之所以成为群体至少必须存在一种关系，群体中任何一个个体都有可能被排斥在这种关系之外——他们对这个群体也许依靠也许不依靠，也许提供帮助与支持也许不提供，但至少存在这种可能性，事情处于他们直接体验与控制之外。有一个常见的说法"两人结伴，三人成群"，这话说得很到位，我认为，基本表达了我们对于群体的矛盾心情。

◆

　　JMC——看到你写的人的出生那些话，我的第一个想法是："人生来属于一个群体？肯定不是！家庭肯定不能与群体相提并论！"

　　人被分娩出的那一刻（从感官的天堂被驱逐至敌意的世界），始终是在发出抗议，在这个世界里只有一个保护者，一个并非完全可以依赖的人，那就是母亲。至少对我来说似乎是这样，对弗洛伊德似乎也是这样，如果我没弄错的话。

　　这世界对一个初生者来说是不友善的，这一观念也许有些妄想症，但也并非完全幻觉。毕竟，在动物世界，无助的新生者是猎食者选择的猎物。

　　因而，出生这个行为，也许并非如你所说的那么简单：群体也许会抵制，甚至对新成员会抱有敌意。

　　我的第二个想法，进一步思索的反应是这样：孩子的问世是否总是必然形成母亲、父亲和婴儿的三角力场？说到头胎孩子，或核心家庭的孩子，这种三角形关系似乎是一个正确的表达式，然而，这是否也适用于大家庭中的孩子？比如说一个大家庭中的第十个孩子，他面对的不仅是父母，还有一大群人——兄弟姐妹、祖父祖母、堂兄表妹、七姑八姨——他来到世上的首次智力活动必定是辨认这些人是谁，谁与他有利益相关。换个说法，在一种理论家看来（他们眼中的家庭图景基于人类社会历史上大部分时间的家庭模式，同另一种坚持一父一母外加两个或更多个孩子的理论家截然相反），进入（出生在）一个家庭的体验，也许就像是进入一个陌生人的大群体，这个群体最直接的特征（与核心家庭相对照）是，你不是这个群体关注的中心，你确实需要尽你一切微小的力量尽可能引起关注。

我这里只是重述一下你已经涉及的话题。

对于民族主义，你不像我这样有着深切感受。我承认，在这种思潮中我基本上没有看到什么正面价值，即便它只是将自己限定于颂扬民族群体成就的范围之内。然而民族的定义并非根据共同出生或血统，实际上是表示种族关系，以此定义自己，并与其他民族相区别，也就是说，那是基于某种消极意义给出的共同身份（我们冰岛人不是丹麦人，我们巴基斯坦人不是印度人，等等）。就此而言，消极定义的民族不同于一种信仰，同一信仰的群体身份认同基于共同的信念和规仪；也不同于一个手工艺协会，那里的群体身份认同依靠每一个通过了整套测试的会员。

鉴于我自己生活经历的民族主义大体上都很糟糕，而你所接触的民族主义似乎颇具良性特点。这也许足以解释我们观点的分歧。如果你我二人是历史学家，你的出发点认为民族主义可能是一种健康力量，而我的观点是，民族主义那套华丽虚饰的言辞只是通往黑暗的伪装。从对立的观念出发，我们接下来也许可以构建对立的历史解读，看法截然不同，对于广义的历史探讨却不无裨益。

但我们不是历史学家，我想，我们两人需要更深入探索我们之间的差异。例如，你也许认为从这一前提入手不够好，所谓无论什么人一旦融入群体就在精神上退行了，这一前提未经检验。无论如何，就像你所指出的，群体怎么可能比个体更原始（因而也更笨拙）？这么多人类最伟大的成就不都是群体的杰作？（我估计，你脑子里此时一定会出现欧洲那些大教堂。）

所以，让我试着谈谈关于群体的思考——关于群体成员和群体成就。

（1）某些群体工程——物理地形的改变，如修筑河坝或梯田——那些伟大成就让后代得以享受生存之便。尤其在前机械时代，地球上这些工程只能付诸协同作战的人海战术，按统一规划的指定方式去施工。这般按层级组织的工程项目，我只能认为大部分人不是志愿前来工作的，他们只是遵命而来，不可能自有主张。

（2）电脑软件系统，如 windows 系统，永远不可能是个体心智的产物，编写的构想从一开始就是团队合作，是一种模块化组合方式：项目系统被分成一系列的模块，每一个模块由一个人或一个团队来编写。当模块组接起来，系统作为一个整体开始运作，没有一个人能够熟知系统运作的全部细节。

现在所有的地方都实行模块化工作方式，不论是制造像汽车这样的东西，或是电脑软件这类非物质构造。

马克思和恩格斯观察了维多利亚时代英国工厂的人力分配，在那里，工人整个的工作年限之内也就是起到一颗铆钉的作用，根本不可能了解整个制造过程中由铆钉组成的整体。工人从自己的劳动成果中疏离开去，马克思和恩格斯说，这种疏离与异化导致了他的某种心理冷漠，并影响了他与这个世界的所有关系。

我不想把这种异化——你所说的情感分离——以及精神退行的相似度上做太多推论。但是劳动分工却是现代经济的基础，因为大部分项目，对于个体的一双手，乃至个体的智力工作来说，太过复杂，范围太广，个体的智力无法完成所有细节。在这种情况下，群体的工作实践便进入模块化分工（"团队"），对于个体劳动来说这也许是一种异化。团队亦如个体，他们可能在一个遮蔽的单元格里工作，完成上面下达的指令，与其他亦身处各自遮蔽的工位格里的同事（我使用"同事"一词有些疑虑）互相隔绝。

（3）如何成为一个群体的成员？大多数情况下，在我看来，一个人仅仅只是发现自己属于某个群体，这与自主地、有意识地选择加入形成对照。于是，你生来就属于某个民族，某个阶级，某个种姓，某个种族，某个宗教。在儿童时期，你被送到学校，在那里，你进入一个之前从未见过的同学群体。甚而作为一个成年人，你自主地参加一份工作，你也几乎不可能事先知道你的工作伙伴是什么人。在上述情况中，你可以说，人是被扔进一个群体的。

你曾提出具有群体成员身份的感觉，那种强烈的归属感，不必伴随着心理退行。我想把重点放到别的地方。我想说的是，非自愿性的群体成员通常会导致退行的举止，因为他们要屏蔽那种尚未产生归属感却又不能离弃的不愉快的感觉。这种退行，就像是故意喝醉酒，以麻醉不能忍受的感觉。

我毫不怀疑，一个人可以从宗教、种姓或民族等非自愿的大群体中获得巨大的安全感、认同感，甚至自豪感。可是属于一个无法摆脱的群体，也可能成为终生饱受怨罟之害的根源。

你提到自己在公共健康机构的工作经历，因而引发了我们有关群体退行的讨论，我以自己聆听音乐的听众经验给予回应。我不妨说说这个主题：成为一个拥有共同关注点（一场音乐会、一次足球赛、某个政治领袖或是元首，甚至一场电影）的群体成员，从根本上说其群体体验不同于以上所述群体成员。第一种情况中的群体，数量难以估计也不甚明确；第二种情况中的群体则是在编的数字，确然无误。在第一类群体中，成员资格是一个私人问题：你任何时候都可以退出无需作出解释。在第二类群体，你是在某种协议下进入这一群体的，非经惩罚不能退出。我还可以将二者不同之处继续罗列下去，但我想做一个简单声明：指望一种心理学理论能够涵盖两种不同类型的群体，这想法注定会落空。勒庞和弗洛伊德考虑的是第一种，是以自我边际被消解为特征的。第二种群体，就是你在办公室、学校和医院里的那一种，我对此似乎更有兴趣也更乐意分析。

我自己的群体经验，来自教室而非医院，也来自那些顽固且幼稚的学术部门。当我们说学校班级发生纪律问题时，几乎总是恒定不变地在处理一个退行行为的问题。并非某些孩子威胁要取代教师在群体中的位置（这也可称作弑父）。不妨说，问题是课堂秩序总是不断地（"只要我一转身"）被咿咿呀呀的噪声所干扰，通常是粗言秽语的乱嚷，找茬起哄或是扰乱课堂（这个偷偷打人一拳，那个拽人头发，更有出乖露丑的名堂），故意做出愚蠢的举动，不一而足。似乎孩子们在退行到百无禁忌的婴儿期，为了让他们"行为规矩"，也就是说，让他们的行为"符合他们的年龄"，需要教师做大量的努力，这种努力超越了某些心理治疗手段。过去，它通常会招致（在纪律的名义下）惩戒性的身体暴力行为——另一种退行行为。

退行行为可以在学生时代持续很久。在大学本科生中也并非罕见。若想理解这种行为，除非你将它设想为某种反抗形式。可是反抗什么呢？在个体层面上，反抗被扔进一个非志愿群体；在群体层面上，反抗上头施予的纪律约束。也就是说，孩子想要自由，这意味着可以选择（突发奇想之下）是单打独斗，还是加入群体；也可以自由选择加入哪一个群体。

我们不应该忘记，在 19 世纪的英格兰，全民义务教育起初是另一种名义的监禁。它规定的目标是让这个国家每一个孩子都掌握三种基本技能：读、写、算；其实还有一个意图，那就是在父母上班时不让孩子们在街上乱逛。

与学校里的班级（由年龄标准、学习能力等因素自上而下构成的群体）相对立的是帮派，这类群体是自我认同构成的，这是因为外人很难探究其中奥秘，也许只能称它是一种有选择的亲密感群体。

在学校里，每个孩子都有归属于某个帮派的压力，无论帮派是大是小。这种压力来自孩子们的集体文化的承续，但也来自某种隐晦的内部压力。不属于任何帮派的孩子是不快乐的，这种处境会迫使他不快乐。依我看，孩童帮派心理学甚至比教室群体心理学更具有探索价值。

◆

AK——我心中的集体协作成果并非大教堂或金字塔，而是 NHS[1] 的社会化医疗。相比较你所描述的那种苦役般的劳作，NHS 的医生护士们总体而言对自己的工作是心甘情愿付出的。在大部分服务机构中，工作人员共同为病人提供良好的服务，并为这共同的成就而感到骄傲。

但恐怕这一切现在都改变了。2013 年初出版的《中部斯塔夫德郡国民医疗服务信托》（见书末参考文献 10）有一项高死亡率的调查。这项调查的结论是，经理人员因为只是顾及财务结果，全力对付政府项目的社会投标，以至于将基本的病人关怀扔到窗外去了。NHS 目前处于你所描述的被异化的控制中：除了花言巧语的关怀，政府与 NHS 经

---

1 NHS（National Health Service），即英国国家医疗服务体系，承担保障英国全民公费医疗保健的责任。

理人的日程表上只剩一项工作，一项关于赢利与亏损的工作，基层的工作人员则应付其他一堆琐事。我们目前是一个非常不健全的功能失调的大型群体。

我最为明确的群体概念是家庭：我承认这是一种小群体，但本质上是一个群体。不过更重要的是，至少就我们讨论的问题而言，我认为家庭是这样一种场所：我们最初能否养成群体生活中的放弃意识就在这里，放弃一对一的排他性关系，成为众人中的一分子——或相对于其他一些三方关系中的一分子。

当然，我这里指的是**俄狄浦斯情结的情况**（Oedipal situation），在弗洛伊德心理学里，这故事的核心就是从两人关系到三人关系的变化。

在考虑这个故事也许告诉我们个体涉入群体的途径之前，有一个重要的相关问题需要提及，如你所正确指出的，那种由母亲、父亲、孩子组成的匀整的三角形家庭，并非世上大部分家庭的组成模式（然而，我想向你指出，具有普遍意义的事实是，我们都是由此而开始的，不管后来的情况如何。因为我们所有的人，母亲与父亲的结缡，所谓人生那回事儿，抓住意义深远却被禁止的魅力——这种魅力很难在我们自觉的意识中调和，通常通过一种奇怪的无法解释的冷漠表达出来，或表现为厌恶与排斥，坚持认为这是某种不可谈及或不能考虑、不能了解的事情）。

心理分析学家们之所以能得到大众的支持，是因为在他们的说辞中，似乎那种老式的、过时的家庭模式才是兼具规范与完满的，似乎那种特定的且狭隘的传统中产阶级家庭生活需要统一规定以培养心理健康的人。然而当代心理分析认为，俄狄浦斯情结的发展是意识中关系发展各阶段的概念化表现，而并非与外部人物发展具体关系。

意思是（请允许我抢先一步说明）根据心理情境，单亲家庭的孩子或是大家庭中的孩子，有可能在与他人关系中获得对自身更好的反思，而父母俱全的小家庭孩子却做不到这一点。而这仍然是内在的意识而非外部因素。

回到俄狄浦斯故事的开头，正如当代心理分析一再讲述的：婴儿意识的第一阶段场景中涉及两个对象，两者此时都能进入婴儿幼小的身心之中。一个对象是婴儿自身。婴儿在最初几个月里无法体验到自身，他们更多的是将自我视为需求的来源——那种在感到饥饿、冷或痛时产生的需求。另一个对象是他者。最初婴儿不会想到将他者作为另一个人来看待，而视之为能否回应他的需求的客体及客体的某些部分——提供满足的乳房、产生挫败感的乳房，给予温暖拥抱的臂膀、没有及时出现的臂膀。这样的状态要持续好几个月，一般认为六个月左右，此后，婴儿的关于自我与另一个完整的人相关联的精神图景才会出现。

在弗洛伊德的心理学中，婴儿的自我从一开始就存在了，然后是自我与他人的关联（我们最初的爱与恨、满意与受挫的经验）。接下来，自我与他人产生关联，他人一次次又与他人产生关联（我们最初的人伦经验，引导自己适应他人需求与渴望的经验）。在克莱茵的心理学中，自我与他人的关联从一开始，甚至尚在子宫时就有了。独立于人际关系的自我并不存在。

将产生他者经验的不同部分整合起来，形成完整的他者形象，这预示着——如我之前所描述，被克莱茵称为"压抑状态"：一种可调和复杂事物和矛盾情绪的意识状态。那位他者，通常以母亲形象出现，在本身就是一个人并不断成长着的婴儿眼中，逐渐成为更完整的图景，成为一个能产生挫败、失望、渴望，以及关爱、平静、满足情感的某人。

将他者视为复杂存在的能力、区分善恶以及不同灰度的中间地带的能力、容忍挫折与矛盾的能力，在我看来，这些都是能建设性参与集体生活的关键要素。它们使人们有可能在工作中协调一致，付出时间与努力，共同去解决问题。如果群体内某些成员或是许多成员没有这样的能力，集体就会深受某种思维之害——"他们是他们，我们是我们"，或分裂成群体内部的不同派系及小团体，或根据群体外部某个敌人的认知来组织自己。

这里需要着重指出，与"压抑状态"相关的成长任务，并非一劳永逸，且永远不会倒退的事情。我们不会永久拥有承受复杂与矛盾的能力。相反，在心理分析中，这些任务被概念化为在生命周期中，尤其在经受压力时期和发展阶段中，反复出现的主题。

现在，我们倾向于认为，婴儿对他者的整合，是通过心智发育实现的，其程度极大地影响了他接受第三方客体的能力（第三方客体以婴儿眼中的最初客体与某一他者之间关系的内部表征形式出现——双亲中的另一方、护理人的同伴、某个兄弟姐妹，或是某种兴趣、某种活动）。假设婴儿在他们最初的关系中感到安全，如果他们确信自己最基本的依赖对象是可靠的，倾向于分享自己的依赖对象的可能性就越大。

在我看来，在自己意识中建立人际关系空间的能力——这种关系作为一种创造力来源的独立存在，只能被有限地控制，但又是可以利用和可以依凭的——还决定了群体中个人处理工作的方式。在罗纳德·布里顿的一篇著名论文中，这种空间被称为"三角思维空间"，指的是为了观察自己与他人的关系而占据第三者位置的能力（见书末参考文献11）。在这个方案中，俄狄浦斯情结发展形成了某种特殊的反思的基础——这种思维模式，对于群体动力学建构或退行性转折似乎具有特别重要的意义，因为我们在群体中的举动或反应，是对其他人之间发生的事情的回应。

在我看来，意识中调适第三方的能力，在某种程度上决定其有能力调适第四方、第五方、第六方，等等。三个支撑点，撑起三个人乃至更多。

不能承受被排斥在与他人关系之外的个体，也许可以采取某种独裁者姿态，控制群体中他人的活动，到他们中去疏远他们的关系，使自己成为唯一一个以任何有意义的方式与他们产生关联的人。当我们谈到"分而治之"准则时，我们指的就是这种领导方式。或者，他们也许可以从群体中撤出，否定自己对群体的依赖，并且使自己脱离任何可能的三角关系。又或者，他们在群体内犹似处于一系列的两人关系，与另一个个体分享秘密与阴谋，避开任何多人组成的共同体的群体感觉。

我还可以说下去……但我的主要意思是，每一个群体中的个体都会有内在化的早期家庭体验，这些体验会影响外部的群体环境。这将决定他们涉及群体活动的性质与程度，他们在群体中对他人的要求与期待（有意识与无意识两种层面都有），以及他们在群体环境影响下发自内心的创造或破坏的力量。

9

NINE

　　并非基于家庭的群体共同的精神性，如青少年团伙或军队。梅兰妮·克莱茵论母亲与孩子。儿童早期经验描述的科学地位。同情投射在理解他者经验上的作用。作为虚构的、类似克莱茵理论的虚构状态的同情认同。人与人之间的契约如同小说中的契约。帮派与帮派成员：个人体验。未引起个体心理学注意的帮派心理的方方面面。

　　具有自我认知的公开场合中的他者角色。在心理诊疗室中的"我和你"的真实。从父母在抚养孩童成长过程中的创造性工作去理解经验。唐纳德·温尼考特[1]论假自我的发展。真实——相对于类似虚构——他者的认知。日常社会互动中作为经验的投射。精神分析理论中的投射。群体中的投射。退行。在英国诊疗职业中，对于幻想的容忍，以

1　唐纳德·温尼考特（Donald Winnicott，1896—1971），英国著名儿科专家及心理学家。

及容忍度较低态度。论象征的正统位置。安妮·阿尔瓦雷斯[1]论对孩童来自内心的游戏理解。

❖

JMC——几乎不需要提起你所说的关于早期生活经验的思考，因它存在于大量具有心理学内容的文学作品中。我所知道的这类文学作品，只是最粗略的方式在最业余的层次上表达的。可是我们的认识一直以来就来自这些作品，即如我这样非专业的门外汉也有可能对此有所贡献。所以，让我来回应一下你的要点，然后，冒昧地给克莱茵关于自我（婴儿并非恰当的自我）与他者的叙述做一个概括性的评价。

你的要点是说，我们从自己的俄狄浦斯情结的三角关系中学到的经验，日后将成为（事实上甚至会是决定因素）我们在群体中成功的基础。在这个连结关系中，你说，你所声称的是普遍意义上的。因而你含蓄地否定了我早前提出的看法：家庭不一定是群体的模板，所以为理解群体运作，我们也许需要某种心理学，但这心理学并非基于家庭

---

1 安妮·阿尔瓦雷斯（Anne Alvarez，1936— ），伦敦塔维斯多克心理诊所的精神分析专家，尤其在儿童心理研究方面长有建树。

模式的，尤其不是基于俄狄浦斯三角关系。

为了使我们的讨论落到实处，回顾一下我们之前相继提出的关于群体的说法，也许是个好主意。你关于群体的举例（除了家庭这个群体）是英国国家医疗服务体系，或者更确切地说，则是体系内的一些单位。这样的群体在文化上和历史上都属于特例；一般人能够从中概括出什么，实在大可存疑。

群体心理学，顾名思义——在我看来似乎如此——需要对更广泛的群体进行探究。在我们最近一次交流中，我提到男孩团伙，或者说年轻人帮派，也许更为恰当，这是一种显然和家庭无关的群体。更难以考察的案例是军队，如果整个军队作为群体体量太大，可以考虑军队中的构成单元。

我说军队是难以考察的案例，是因为军队对发展心理学和人际关系模式（那种新兵从他们的家庭经验带来的模式）有着自己的想法。军队训练伊始，新兵会被着意清除他们已经学会的与他人相处的方式，包括将他人视为多元的存在、容忍矛盾情绪（我援引你的说法）。我不打算详尽说明。我只是想说，重塑新兵的意识，目的是造就在群体中能够尽职尽力服从命令的士兵。

你可以反驳说，军队的心理重塑只是相当于行为制约。但事实是，由于军队自身的功能定义，它训练出来的群体在功能上比其他大部分群体（包括英国国家医疗服务体系）更强更好。出色的群体心理学理论应该有军队模式群体的军队心理学的一席之地。

让我接着进入完全不同的话题：梅兰妮·克莱茵关于早期儿童体验的描述。

克莱茵的描述，就像大部分心理学报告，具有令人感兴趣的双重定位。首先，一种技术性的假说，本质上与自然科学的假说并无区别。我们提出假说，然后以相关数据来审视检验它。只要这些数据与假说不矛盾，那么假说就被确认了，或者至少没有被证明不成立。但其次，由于这是关于人的体验的假说，我们作为人类可以而且能够以自己的直觉来矫正它。如果我们不是持有严格的实证主义立场，坚持认为我们必须以探索老鼠心理的同样方式来探索人类心理，无论在现实层面上，无论我们是否喜欢（欢迎）那种假说，直觉都扮演着实质性的角色。

例如，关于婴儿心理的描述，通常是针对婴儿的需求：我们发现没有必要给予科学的定义，因为鉴于我们自己的体验，凭直觉就可以知道需求什么，甚至知道感觉如何。我称这类直觉为同情直觉。

（我几乎不需要说明，我们靠直觉导出的真相是不可靠的，而且甚至必须有意识地搁置一边：想想量子物理学所提供的世界图景的例子，它在很大程度上与我们的直觉背道而驰。）

我们在此之前拓宽了同情与同情认同的话题。宽泛地说，我视同情为人类与生俱来的能力，它也许会成长也许不会，也许会衰退也许不会，也许会被促进也许不会；我还视它为拓宽自身超越人类本身给予其他生命形式同样待遇的能力。

同情认同让我们能够进入他者的人生，从内部体验他们的生活。不言而喻，在这种情况下我们所体验的他者的生活，没有必要是他们的真实生活。即使我们正在（暂时）体验的他者生活只是小说中人物的生活而非现实中的生活，也没有必要非得认定这种生活是他者的真实生活——因为不同的读者对于小说角色自有不同的理解。

我坚信，我们的同情认同具有某种类似虚构的情形，我们的同情直觉只能在屈服于虚构的真实时才变得可靠。

从现在开始，我应当非常谨慎地进行推论，将我的言论控制在对人类心理学，尤其是婴儿心理学的假说上。

梅兰妮·克莱茵所表述的关于低幼儿童的理论，并不与婴儿行为的实验数据相抵牾。由此得出了她的合理假说——除非能证明其不能成立。然而，她的表述中富有魅力的部分在于其直观吸引力。所以，你能够轻易地记下一个婴儿尚未构造的自我，简单得就像诉诸饥饿、寒冷或疼痛。你还可以记下乳房呈露和令人沮丧地消失的一幕，构建这个非"自我"的世界全景。

你的自信从何而来？我估计，答案是你可以想象这种存在，你可以以同情的方式将自己投射其中；简单说来，你自己就可以成为一个婴儿。当你意识到你将自己投射到这个婴儿的生活中去或意识到你就是这个婴儿时，这种认同就被进一步强化了。尽管你在记忆中不能自觉地成为那个婴儿，但你肯定就是他了。

我并不是要挑刺，但事实上，唯有通过记忆才能连接我们过去的心灵状态。我记得当时有多害怕。我记得我曾经爱过他。但我们不可能留有初生婴儿的记忆，也不可能记得自己在子宫里的样子。不知为何，上帝没有把这种能力赐予我们。当我们以同情方式栖息在初生儿的自我，我们正是栖息在虚构之中。

虚构既非真实也非谬误，如果我们按这些词语的通常意义来理解。也许它另有表意，可能既是真实的又是谬误的，不过那跟这里讨论的话题无关。以我的意思，这已经足够说明克莱茵关于初生婴儿经验的表述是一种虚构。你刚好认为这是一个真实的表述，我倾向于同意你。但这无论如何是一个虚构的表述，一个讲述"成为婴儿是什么感觉"的故事。

我们的整个讨论，让我联想到哲学家托马斯·内格尔那篇几乎获得《圣经》般地位的文章，《成为一只蝙蝠是什么感觉?》。内格尔关键的一步是区分两种类型的问题：人类成为一只蝙蝠是什么感觉? 还有，一只蝙蝠作为蝙蝠是什么感觉? 在第一种类型里，他说，问题是能够解答的；第二种类型却不能。

我不同意内格尔的话。我认为借由同情投射的努力，人可以获得像是对一只蝙蝠来说作为蝙蝠的瞬间的直觉感知。但这不足以宣称你真正能够具有像一只蝙蝠那样作为蝙蝠的感知。就内格尔而言，唯一的真实且现实的是，你对这世界上任何人和任何事物所具有的真正认知其实就是你自己的认知形式。他者这种认知也许是真实的，但这种真实就是虚构的真实。这也包括了初生婴儿作为一个婴儿的感觉的认知。

◆

AK——你做了一个清晰而令人信服的陈述：你唯一可以知道的真相就是你自己。但作为一个试图帮助处于抑郁中的病人的治疗师，我的工作与你用哲学术语阐释的真实与虚构根本没有关系。我们之前一直纠缠于这些问题。我不是哲学家，只是一个心理治疗师，对于"真实"的本质的烦恼，不是我的处境需要面对的问题，我关心的是，通常处于很深的压抑和混乱状态的人，他们需要同情和理解。

对大部分人来说，他们在诊疗室里可寻求的帮助通常是有效的事实关联。所以其中必定混合着真相与虚构，无论如何这是哲学术语所不能满足的，他们需要有人提供全部的心智、同情心与理解力，以想象他者的内心状态，这些远超过纯粹而唯一的真相的重要性。"我和你"的某种真相，是一种有联系的真相，比孤立和确信的真相更有价值。

容我详细解释。也许从哲学的角度来看，所有我们能够真正了解的事物是我们自己——抑或那种了解只是一些认知手段。但是，在心理分析理论里，人际关系所包含的自我认知并不是某种可以单独获得的东西，我们需要依赖他人来了解我们自己。还需要提出这样一种理论：我们在成长的初期阶段如何依靠他人去学习认知。

这意思是，新生婴儿需要被人关注，从而能够开始思考并认识他们自己。他们需要语言来描述无言的经验，需要某种形式来传播原初的、无中间介质的经验。所以，婴儿的父母或护理者那种创新性的想象——琢磨成为婴儿，尤其成为这个婴儿是什么感觉——对婴儿最早期感知真实自我有着积极贡献。你可以看到，父母们一直都在做着这种创造性工作，坐在婴儿身边，想知道婴儿现在的感受，是什么让他们感到满意，是什么激怒了他们，站在他们的立场去理解他们某种特别类型的行为和反应。

假设是，一个人获得这种类型的照顾越多，他们就越有能力在童年和以后的生活中确立关于他们自己的真相——以及，由此延伸，还有他人的真相。

精神分析学者唐纳德·温尼科特广泛地论述过真实性的课题（见书末参考文献13）。他建构了一种"假自我"（false self）的观点：如果幼儿过多地摄入关于他者的真实经验，从而影响了他们自我认知能力的形成，就会发展出"假自我"。温尼科特用"填食"来比喻这种外部催生的方式，在一些象征性案例中，可能被强加于婴儿，或是被婴儿草率地大量摄入，而不是细致敏感地回应他们认知的欲望。

我想起最近的一位病人，她最迫切的问题是不断地强制性地想着他人，对自己却知之甚少。她可以跟管理部门谈论他人，谈论他们的情感，谈论他们的行为动机，等等。但是一想到自己，她就呆住了。她的双亲在她小时候曾陷入相当大的麻烦，所以大部分注意力都专注于此，她会去处理他人的情感和烦恼，却不会去获取帮助，处理自己的情感和烦恼。她的心理防卫似乎一直在完全否认自己的情感和烦恼的存在；在她的意识中，似乎他人才是真实的，而她不是；他人才有可能去认知某些事物，而她不具备这种能力。在治疗中，我一直帮助她建立自我意识，她很懂得善解人意，以至于我可以把我的认识加之于她，我能够给她适当的照料。

说真的，很多时候，我们与他人相处非常费劲，正如你所指出的，需要非常努力才能理解他人是怎么回事。然而，如果心理分析的投射理论是可以采信的，那么这里有一种潜在可能性，我们成为某个他人（而非我们自己）的感觉相对并不算失真。有些事情是与我们无意识地联系在一起的，所以，我们会被迫代表他人去感受——去得到（如果你喜欢这个说法）一种似乎是真实的、纯粹的成为他人的感受。这个观点是说，人们以自身多余的某一方面在做这件事，这种交互类型一方面基于某种不想了解自己的欲望，另一方面也基于某种想获得理解的真实的希冀，但人们对这种希冀又是心怀矛盾的。

我授课时经常会举述恃强凌弱的例子，那些惯于让别人在他面前感觉渺小和受到威胁的人，他自己就不会有这种感觉。大多数人都了解这种情况。不过，也有人会让我们觉得自己或聪明，或有趣，或无聊，或尴尬；提出这样的问题总是有价值的：在我们的反应中，是否存在这样一个方面，能被最好地理解为投射？——一个关于他者的方面，好像是为了妥善保管而被传递给我们，而不是通过人与人之间那种更直截了当的交流方式。举例来说，有一种教师，他们具有激发和提升他人能力的才华，这种才华是建立在对他们自身的学识和能力的信任之上的；还有一种教师，他同样明显的技能发挥作用的代价是，或直接出于他们令人困惑地缺失同样的自我意识。他们给予他人的正是他们自己无法拥有的东西。

精神分析理论提出的说法是，我们投射到他者身上的是我们想要摆脱或是不明白的部分，因而你的论点而言，我们千方百计地（即使是无意识地）想要他人来了解我们不了解自己的某些部分。作为治疗师，我们被教会辨认这种交流，因为它的异质性、独特性，以及一些现实情况，比如，在疗程开始时，病人感觉很警惕，现在却感觉麻木、乏味，或是一开始很平静，现在却感觉惊慌。在我的经验中，关注这类经历的精确的细节通常很有帮助——我的意思是在了解病人的意识状态时很有帮助。

我没有把握，这会将我们对群体的思考引向何处。我当然认为以投射为模式的无意识交流在群体中大量存在。个人或子群体承担起代表他人的角色，并发现自己的行为方式与群体之外的个体或子群体不同。我们通常看一个群体的情况，举例而言，其权力集于一人手中，却被其他人否定；或者存在某个我们称之为替罪羊的人，承担了所有的弱点和干扰，于是，群体中的其他人便可以维持一种幻觉：这里没有那些不舒适的感受。

我理解一个退行的群体中有许多这一类型的无意识交流在发生着，但群体对此所知甚少。所以，我们如果想想某个军队单位中那种典型的等级制安排，举例说，一种退行的或功能失调的状况就是群体中的人们感觉自己被迫扮演着不同的角色，甚至在没有必要的情况下也是这样。功能更好的状况应当是群体中人们同样扮演着界限分明的不同角色，但他们能够理解他们为何如此行事，从而使整个群体得以巩固。从心理学角度来看，如果军队的职能像个军队，以切合实际的方式组织自己，以面对军事状况，那就没有什么问题；然而，如果这支部队过于摒弃职权，以致在必需要这样做的时候也不能如此考虑问题，或是指挥官强势得近乎疯狂，以致不知何时需要他人的帮助和建议，那就有问题了。

◆

JMC——第一点。

有一个疑虑让我心感不安，我是否一直对梅兰妮·克莱茵不太公正，据我所知，她对你很重要。而且，我应该认真对待你的提醒，一个压抑中的病人来到心理治疗室是想得到同情和理解，而不是探讨虚构真实与虚构小说之间的区别。

但是，你把病人与治疗师之间的关系——基于治疗师的人道主义同情和专业洞察力的关系——称为"相关的真实"，似乎过于超前了。这使得"真实"的概念变得如此宽泛以致失去了其实用性。我也许更愿意说，病人与治疗师都感到这种关系是可信的，因而导致这样一个开放性的问题：这种参与是否并不存在于病人和治疗师两者的构建之中？

我对开放性问题的偏好，并非意味着某种颠覆性的怀疑主义精神。我认为我们不妨考虑容纳这样的观点，就是我们不断参与他人的种种建构（虚构），而不涉入他们"真实的"自我，不觉察我们正处于深渊边缘。我们还可以考虑容纳更受欢迎的（以及更有趣的）观点，就是我们的涉入始终伴随着"阴影"（虚构）与对现实的一瞥之间不断改变的相互影响。

我的观点是，与另一个人产生的任何亲近或密切关系似乎会涉及同情的投射，即便这是病人与治疗师之间的关系。因而，我想要支持的是那种治疗心理学，能够毫不费力且开诚布公地接受我们对自我和他人的虚构，并将其视为人生的一部分，而不是试图超越或通过那种投射或虚构，认为大家好像有必要隐瞒真相。

有一个简单的例子，可以说明我所说的接受虚构为人生的一部分。在专门说到年幼的孩子（尽管这也适用我们的人生）时，你写道："我们需要依赖他人来了解我们自己。"如果我们把这句话转译为如下意思："我们需要他人对我们的虚构来形成我们对自己的虚构。"是否可行？

还有一个更具挑战性的例子。你写道："一个人获得这种类型的（同情）照顾越多，他们就越有能力……确立关于他们自己的真相。"将之转译为："提供给某个人关于他自身的、同情的虚构越多，这个人就越容易生活在他所拥有的关于自身的虚构中。"

第二点。

我已经表达了我对我们笼统称为群体心理学这一话题的兴趣，不过我还要接着花点力气对此发表一些有建设性的观点。我看过比昂的《群体中的经验》，但无所斩获。我坚持孟席斯·莱思的见解：一个群体一旦形成，退行似乎就会发生，因此，如果一个群体想要兴盛，它就必须面对退行的挑战（也许有人甚至要说，那是诱惑）。但我不知道这种见解从何而来。

我又重新读了古斯塔夫·勒庞（《乌合之众：群体心理

研究》），更确定了我的印象，群体心理不像个体心理，除了直觉没有什么值得探讨的。

我仍然觉得，青少年团伙更能向我们揭示群体心理，它要比比昂所研究的人为群体（一群思考群体应该做什么的人所组成的群体，或是孟席斯·莱思论述的职业群体）更有价值。

我估计，严格意义上的群体心理学不会产生于我们的传统（它诞生于维也纳犹太知识分子居家环境的温床），而是来自这个世界未被探寻的部分，在那里，群体生活是家庭的常态和样板，比我们的状态更松散（或）更广泛——也许在亚洲或非洲。

我一直在回想我曾归属的最具江湖气的帮派，那时我八岁。我们这个帮派应该有五六个人。放学后，我们经常去寂静的罗斯班克街上闲逛，寻衅滋事。曾经有一次，我们站在一幢漂亮的两层住宅楼门前大喊大叫，把信箱弄得嘎嘎作响，希望有人出现——最好是一个成人，惊惶失措不知道发生了什么事——然后我们就大笑着逃跑。还有一次，我们朝一户人家敞开的窗子里扔小石子，扔进去几十颗石子，也许几百颗——肯定把屋子里弄得一片狼藉。

我们为什么要这样做？一群小男孩干的好事，这种行为经常被斥之为"恶作剧""瞎捣蛋"。应该认为这种孩子气的恶作剧叫人厌烦，却也不失可爱：如果你是个满腹牢骚的人，你是不能从中发现可爱之处的。可是，这些男孩们的野心并不是让自己回归可爱。我们施行的所谓"恶作剧"并非出于调皮。我们的行为，就行为本身来看愚蠢且又无厘头，目的在于制造敌对者或受害者（在这种案例中，这两者很难区分），那些人的愤怒会变得很可笑，而且他们很有可能受到进一步的攻击。我想说，帮派存在的理由，正是对这些敌对者和受害者进行攻击，这种行为是在维系帮派的名义下进行的。一个帮派没有敌对者恐怕是不可思议的。

当然，我们不是第一批拉帮结派、从事反社会勾当的孩子。我们那套把戏自有传统——男孩的传统文化。我们行为的每一方面都可以被俄狄浦斯反抗概念所捕获——每一个方面，除了一个：群体认同，在这个案例里就是帮派认同。如果我仔细回忆某个下午当我们集合后发生了什么，对我来说，似乎是我们大家作为"我们自己"，作为每个个人，以各自的社会身份聚集在一起；但随后在某一时刻，有人说："我们都到齐了？"然后，我们撇开自己的现实身份，代之以我们作为帮派成员在那个特定日子里捏造的身份（银行劫匪、逃犯，或是别的什么）。我们承担了这些虚构的身份，并确认了彼此的虚构身份，于是一种群体虚构就成为现实，在那个下午一直维系着我们。

我坚信我们可以从这些帮派活动中了解到一些事情——群体如何沦为妄想模式，攻击行为被理性解读为自我防卫；是一种怎样的悠然自适，让孩子们聚到一起，将自己交付给共有的帮派虚构情节（"幻想"），在他们抽身返回现实生活之前的那段时间里沉湎于其中，并将此虚构情节妥善保存直至下一个午后时光。

◆

AK——如果心理分析学家们不能接受虚构、幻想和假装是普遍现象，是健康生活的一部分，那我真的不知道谁还能接受。但也许你的反应是某种态度，针对虚构，或是针对其在戏剧、梦境和幻想故事里的日常表现：我把这种态度定义为不赞同的及清教徒式的，它暗含了一种虚构与真实的关系——这里面虚构属于低档次的，总是应该被摒弃以拥抱真实。

我可以肯定，心理治疗医生处理此类想象会有不同的表现，他们有的以开放的态度关注病人的幻想，有的为此而感到不安，认为需要阻止这种探究。我想起一个参观画廊的故事，参观者站在那些画作前面不能反映出审美的惊奇，因为他们过于担心不能理解画作所表现的事物。恐慌、焦虑的念头是这样的："我不知道这大概是什么意思。"或者是："显然就是这意思，不要问我更深入的问题了。"

从心理门诊的角度来看，去思考各种类型的象征或象征化行为如何映射到人类成长的各个阶段，以及如何服务于各种不同的心理学目的，是非常有意思的。我想试着在广义上陈述当代英国心理分析在这个问题上的现状——或至少是它的一个迭代。对此我将借助有关想象与游戏发展的最新文献，由英国令人敬重的资深儿童心理治疗师安妮·阿尔瓦雷斯撰写（见书末参考文献14）。

阿尔瓦雷斯的工作对象是那些心理问题极为严重并极为贫困的孩子，他们身上的游戏能力和象征能力天生就受到严重阻滞。跟我们大部分人不同的是，她花费许多时间与这些不能游戏的孩子相处。她观察到的第一手资料表明，象征能力的缺乏往往伴随着隔绝的、无爱的意识状态，以及她所描述的对人类思维和意义可能性内容的兴趣缺乏。在这些孩子身上，常常有一种对具体的客观世界的黏滞的惯常性依恋，仿佛如果没有一种与外在事物相联系的自我的象征性形象，那么物质世界就必须更加紧密地依附在他们身上。这并不是说，没有象征的介入，与现实的关系就会变得更直接或更好。相反，在内心与外在世界之间存在着另一种不同类型的连接，这种连接不得不在没有表达介质的帮助下发挥作用，以便在事物之间、时空之间建立联系。

大致说来，阿尔瓦雷斯认为游戏以某种方式与现实准则相背离的观念已经过时了，作为心理治疗者，我们需要用我们的诠释去支持游戏，让大家理解游戏到底是在做什么。她援引弗洛伊德对自己孙子用不同方式玩"卷线轴"游戏的叙述，表达了同样的游戏会有不同的玩法——取决于儿童发育阶段和不同的意识状态。

弗洛伊德描述他失去母亲的孙子玩耍卷线轴的情形。这孩子反复地把线轴拉开又卷拢，当他拉开来时，大喊着"堡垒"或是"走了"，当他卷回去时，则喊着"爸爸"或是"在那里"。弗洛伊德从这小男孩玩的游戏中看到了一出关于失去与复原的小型戏剧，是孩子对失去母亲的回应。这里的第一个可能是这孩子的游戏只是为了逃避一个困境，假装缺失与重聚是他自己可以控制的一种东西。这是一种低于真实的象征，某种意义上是用低劣的替代物顶替我们实际上没有的东西。线轴作为象征物的性质并未被使用，至少并未以创造性的方式被使用，因为它在这一点上没有更多的功能，只是一个代替品：仅被认为是事物本身。当治疗师假设幻想和白日梦只是一种对困难或难以承受的现实的逃避时，他们是在援引一种真实与象征之间关系的相似模型。

另一个可能是，这个小男孩玩这个游戏，至少是部分地、或多或少有意识地控制自己情感中对于被疏离的回应。"我失去了你，我也能找到你。"他一边自言自语地说着，一边拉开线轴然后又卷回去。他将一种无力和脆弱的体验变成一种来去自如的掌控。然而，这里的重点是，事实上他开始玩这个游戏时，不是为了否认现状，而是为了能够应对现状：为了开始成为一个能够面对这些事情的孩子。唐纳德·温尼科特对此类现象的诠释贡献良多，对他来说，想象是接受现实、形成自己经历的全部过程中不可或缺的一部分，使我们能够开始在精神层面上做些什么以应对状况。

但是，就像阿尔瓦雷斯提醒我们的那样，这里还存在另一种重要的可能性。很可能有这样一个孩子，他以一种我们大概能想到的更高层面的象征意义玩线轴游戏，以此去探究缺失的母亲的"属性"和一般意义上遗失的物品的"属性"，以及他与它们之间的关系的本质。当然，这就是艺术：使用象征物和符号去探究并理解经历。

如果我所做的一切，就是我在这个世界上对某人某事的反应，说到底，我如何真正认识自己对于这个人或是这件事，以及我与他们或这件事之间的关系？这部分是距离和角度的问题。我需要退回来，在一定的距离之外思考这个对象，在我的意识中象征性地把它呈现出来，在隐喻层面上思考真相是什么、不是什么，去获得关于这个对象的更好认知，及其于我而言的意义。

我想，我们所有的人都会表现出对幻想和假装不能容忍的态度。最近，我主持了一个我们称之为反思实践研讨会的活动。一个心理门诊受训团队聆听了一个详细的案例，并分享了如何理解复杂的临床资料的想法。一名受训者跟我们说起一个年近五十的男人的故事，那似乎是个性格外向的能干的人，有一份好工作，但他和父母住在一起，经常跟母亲打架，还有严重的强迫症症状。他必须让家里所有的东西都搁在一定的位置上，并每天花费好几个小时打扫清理。

这个案例的特征——与我们的交流相关的是：我们被告知此人大量收集他认为可以用来布置他"自己的家"的装饰物，他坚信有朝一日他会搬进那个家，开始独立生活。他会定期清洁那些装饰物，然后小心地装进袋子，如果他母亲碰到或是挪动了那些物品他就勃然大怒。

起初，那几袋装饰物被研讨班团队描述为此人精神失调的表征。他显然是一个"囤积症患者"。他对自己的家的幻想是一种逃避，阻止他去面对自己的问题。我们，像他的父母一样，对他的疾病和缺乏现实感失去了耐心。不过，我们开始想到——这个团队的才智，许多人的脑袋凑到一起来面对某个问题，肯定会大有助益。我们想知道，当他买来那些装饰物并清洗保养它们时，他对自己的生活有着怎样的幻想。我们考虑过，对那些装饰物表现兴趣的价值，它们究竟意味着什么，明白这一点才能更好地理解——或者说，开始理解——在生活中他想要的是什么。我们思考过，他是如此向往那种光明、美好的生活，完全不同于现在艰难、阴郁的现实，而我们要做的是，把他的这种希望融入对他的心理治疗中，以帮助他向前迈进。

10
TEN

对一种目的在于引导病人更大范围认知他者的全部真实的治疗方法的疑虑。我们的互动是"真实"的互动，还是在预设的、想象中的自我之间的互动？教会孩子们进行推论。幻想对于孩子的重要性。学校课堂以及纪律问题。高等教育中课堂学习的抵触形式。心理分析在理解抵制方面的应用。一个业余心理分析者的警告。年轻人帮派。帮派的感觉世界。

传统课堂，以及它有形的安排。受这种安排制约的各种学习方式。好奇感，以及伴随着好奇的焦虑；学生与教师之间的感情。群体的环境如何压制此类感情的意识认知。大型群体（群众）对比小型群体：群体态势各不相同。引导群体的精神能量，促进进步与学习。课堂里的移情。教师如何从移情的认知中受益。心理治疗情境中的移情与反移情。移情作为象征性思维的模式。移情中对象征性思维的创造性分析的需求。

❖

JMC——关于心理治疗对话的话题，我想，我们哪些方面能够达成共识，哪些方面不能，我已经有了更清晰的想法。在我们不能达成共识的那部分，哪些尚有讨论余地，哪些已根深蒂固无法改变，我也有了更明确的答案。

让我试着把我们之间的基本分歧全部梳理一遍。然后你可以告诉我，我是否曲解了你的意思。

在我读过的你的文章中，我看到你想要帮助你的病人——对话中的"你"与你的"我"——去获得更具自我意识的人生，更有收获的生命和更加幸福的生活，在这里，幸福全方位地体现了西方思维中具有丰富历史内涵的福祉。更具自我意识的人生中的一部分，是正确理解你和他人的真实关系。这意味着，一方面，对他人（当你不去想那些人的时候，他们也不会像幽灵一样在空中消失）的完满人生以及你在其中所占据的真实位置给予一定的欣赏；另一方面，理解你想从他们那里得到什么或需要什么（你对他们感兴趣的是什么）。

我对此更多的是怀疑。具体说来，我很怀疑你想在病人身上培育的欣赏力与理解力能够达到怎样的程度。我感到，从外部看，他人的生活几乎都有某种编造的、虚构的成分。富有同情心地设想自己处于他人生活的能力（在这里我认为是道德能力）是非常罕见的，具有持续同情的能力就更罕见了。没有一个算得上是一种新颖的主张。但是，更为极端的是，我认为我们自己的需求与欲望处于类似虚构的状态。我们把它们归因于我们自己。我们去尝试它们，如果它们适合我们，我们就占据它们。欲望一旦被了解得太彻底，就失去了它作为欲望的力度和效应。

因此，我谈论的所有的人际关系都是一个连锁性的虚构问题。当虚构的事情互相链接到一起，人际关系就起作用了，或者似乎起作用了（我不能确定二者之间是否存在某种区别）。一旦它们失去链接，矛盾和离散接踵而至。

以上所述是一个概要。

有意思的是，还有一种关于欲望的说法，为什么那些彼此因情欲而结合的人们渐渐地就分手了——有些分析认为，对于他者的虚构变得过于固化，过于确信，欲望就会消退。不过这已偏离了我们的既定题目。

还有关于人与动物，尤其与宠物之间关系的说法。动物完全不会阻止我们对它们的所想所感做最狂野的幻想。我们在涉及与动物相关问题上的讨论——动物的"个性"——是我们自己创造的一种虚构。不可能另有解释。至于动物是否也在虚构我们以作为回应，这就永远不得而知了，因为我们根本不知道一个动物能够虚构意味着什么，或是什么感觉。

我注意到，你对于群体——我提到的，关于儿童帮派和学校班级帮派群体的两个样本——并没有更多阐释。尽管我必须承认，至于如何将这类群体现象理论化，我并没有什么想法，但我不想放弃这个题目。希望稍后能够回到这话题上。

说到班级，我最近看了一部名为《这仅仅是开始》(*Ce n'est qu'un debut*) 的纪录片，这部影片上映于 2010 年。影片记录了一名法国教师的一系列哲学课（更准确说是哲理思考）。有趣的是，哲学课的学生都是一些学龄前儿童。

在哲学课的进程中，有些孩子对此失去了兴趣，跟不上进度，但大多数学生理解了哲学话语的含义，并学得很好。到学习结束，他们谈论问题的方式连成年知识分子都颇为赞赏：他们知道如何提出一个命题并以论据来支持它，他们知道引经据典是什么意思。

这部影片有两点让我吃惊，还有就是其背后的构想。一是论述充分的话语方式是可以被讲授的，一个有领悟能力的儿童也可以很快地接受。另一点是，一旦孩子能够理性地谈论问题，对于象征性游戏的需求（我的假设）就会减少。我将这个观察与安妮·阿尔瓦雷斯和其他成长心理学家认为象征性游戏至关重要的学说一道构建在我脑中。

对于用论述替代游戏，我不能确定自己的想法。一方面，去教那些幼小的，可塑性很强的头脑学习哲学，这是一个令人赞赏的创举（而且非常法国化！）。如果苏格拉底从极乐世界来拜访我们，我肯定，他也会点头微笑的。他会说，我们生来体内就带有概念体系，只需要一个技巧丰富的对话者，就能把这些观念从我们身上提取出来，并让我们知道如何使这些观念运转起来。另一方面，如你所知，我认为它与幻想的观念有关，包括游戏幻想。看到聪明的孩子成为可仿效的理性机器，我会感到遗憾。

在我八九岁的时候，我意识到自己是一个沉迷于幻想的孩子。在当时，我感觉这是一种自我放纵，对此怀有负罪感；我的负罪感在相当清教徒文化的生活背景中变得尤为明显，还有来自那些不赞赏我的熟人，尤其是我叔叔（并非我母亲）的评价，也加重了我的负罪感。我把自己与同龄孩子进行比较，他们在现实生活中应付裕如，相形之下我自己却事事不能胜任。但是，我从未想过要放弃自己的幻想生活，让自己依附于现实。相反，我接受了将幻想作为与生俱来的某种附属品，一种命中注定的先天性疾病。

回顾以往，我很高兴自己没有治愈我这疾病。我希望那些甜美的法国小孩不要让这些东西钻进脑子里，将理性分析和理性支撑的策略作为对付这世界的唯一方式。

◆

AK——起先，在讨论群体心理学时，你说到你作为教师的经验，以及在课堂上维持纪律的问题。我不妨以我们熟悉的上学期间的情形来再现传统教学法的模式。教室正前方是黑板（现在基本上是白板），还有教师的大讲台或大桌子；这里还有一定的空间，供老师走动及同学生们交流。学生的小课桌面对教师布置成若干纵列，课桌后面的学生更便于跟自己交头接耳，或是陷于白日梦中，或是做些分散注意力的小动作。那些需要特别关注的学生通常会被安排在前排。

在这一场景中，教师居于舞台中心，其工作目的是向学生传授知识、培养理解能力；然而学生的角色，就像大家所认为的一个个空空的器皿，等着贮入知识与理解力。而且，如你所述，教室里课桌摆设方式是为了将学生一组一组地隔开，与教师形成直面相对的二元关系（坐在后面的学生看不到前面的学生，反过来也一样）。更重要的是，这种形式抑制了他们彼此产生联系的能力——至少限制、压抑了这群活泼年轻的学生之间可能产生的互动行为。

我在许多电影场景中见过此种模式的课堂，通常是美国的高中，那里学生之间的交流——当然，他们对彼此的兴趣超过了对其他任何事情的兴趣——是隐蔽的、诡计多端的，或是完全叛逆的。揉成一团的纸条被学生们鬼鬼祟祟地传来传去；爱恋或挑衅的意味在眼神或嘘声中传达；还有无数的手机短信，总是在老师视线之外相互发送。这种传统的课堂格局不仅确保——或是企图确保——教室里最重要的关系是每一个学生与教师的关系，而且维持了某种秩序和师生距离的分寸。其功能还在于阻止，至少是限制，学生之间发展那种在课堂学术讨论时可能形成的创造性联系。这种关系肯定会在教室之外自由发展——不过那又另当别论了。

有时，我想象那些坐在课桌后面的学生是一些戴了眼罩的马。如果学生／马能自由环视周围，发现任何能引起其兴趣或分散其注意力的事物，他就肯定不会遵从课堂秩序，而只会以直截了当的方式从 A 处蹿到 B 处。所以，他们需要戴上眼罩。

我们都知道一个好教师必须让学生遵守纪律，假如没有纪律，孩子们就不能好好学习。这种传统课堂格局的存在，是为了对刺激与兴趣加以管控，这样的刺激与兴趣会天然出现在一群人与教师一起发掘和探讨思路的情形下。但我感到好奇的是，这种格局的设置是否存在问题，这里确实没有为自然的、不受限制的好奇心的发展与表达留出什么空间——无论是彼此间还是课堂上重要观点的形成——进而阻碍了学生在被教授的材料与真实的、更自发的群体生活之间创造联系。

我认为这是值得注意的观察，因为青少年，尤其十几岁的年轻人，他们对于自己或同龄人尤为感兴趣；有那么多他们真正想要学习的东西，而在课堂上这些可能会被认为是私人的和无关紧要的；另外，我想提出我的问题，如果他们也能被允许在教室里探索自己直接关注并着迷的事物，那么，他们在课堂上被指定学习的东西是否有价值。

一堂文学课或哲学课，最理想的情况是，给学生们探索学习的机会，探究那些在我们这个世界上不同的、更为深刻的生活方式（以个人的形式存在，并处于和他人的相互关系之中），在某种程度上与他们自己头脑中的激情和关注相联系。

什么样的情感可以作为教学情境的基础，是最普适意义上的，我们大家都有过体验的情感——既是孩子的也是成年人的情感？我想说，是好奇心的原初本能，是我们所有人都具有的探索及冒险的冲动，这是需要被释放出来以刺激学习的，但往往却被抑制和过度控制。我想将好奇心与其他相关的情感中区分出来，因为对知识的需求感，对熟练掌握技能的需求感，自然会从稍后的发育阶段生发出来。

我想，这些情感伴随着强烈的焦虑。这是担心不知道好奇心会引向何方：是点燃创造性的火把，还是一团糟的毁灭性结果。焦虑在于不能掌握与控制，在于无能为力，在于变得且一直是——因为缺乏更好的词汇——愚蠢与笨拙。总而言之，这里的问题在于：我究竟是要学着做 X 还是 Y？

还有一些很重要的情感存在于需要学习的群体中，即便那些情感很大程度上是无意识的，但更多地与群体中的人际关系相关联。无论是学生对教师卓越的知识与经验的渴望，还是教师对学生的年轻潜质的渴望，都是一种对他人所拥有的东西的渴望。这可能表现为积极正面的赞美与欣赏，也可能表现为负面的妒忌。那些感觉反过来激发了自身强烈的焦虑感，不论是个人出于他们自身与他人相比较显得渺小与卑微，有一种被贬低和受挫的无奈，还是出于妒忌引起的怨忿与攻击性。

我们的意思是，在团队学习的环境中，这类情感很可能在某一程度上存在，但很可能并未成为群体有意识的体验的一部分，因为在组织群体或学习机构时并不知道这类感情的存在，以致不能够确保这类感情——至少是那些更具威胁性的情感——完全处于控制之下。严格地说，这些情感之所以不被注意，是组织方式使然。

然而，群体（包括教师与学生）为学习而凑到一起，无疑应该尽可能运用和包容学生成长阶段的兴趣引发的情感，而非简单地压制或是让其消失。这无疑是一项艰巨的任务。

关于一般的群体过程，我要指出一个明显的事实：群体的固有特征就是非常令人兴奋、激动及具有威胁性（我指的是在群体环境中激起个体内在的威胁感），大群体的兴奋刺激方式不同于小群体；所有的群体，无论是大是小，都必须找到某种方式促使积极向上的正面资源与更具破坏性的无助的情绪之间找到平衡。某种程度上，群体影响很容易被情感所淹没，对于成员来说，则很容易感受到摆脱这种不适感的强大压力——尤其是当一个团队成员第一次会面，并且没有一个恰当的系统来做或思考任何事情。我们通常看到的群体并无适中的表达方式，或是死气沉沉，调动不起情绪（如工作会议），或是放纵群体成员，给予过大的情绪空间（如帮派）。也许，如果我们生活在一个将集体努力视为更高价值的社会，可能就有更生动的建设性群体生活的体验了。那些体验肯定存在，只是很不容易发现。

◆

JMC——在传统的教室安排上，如你所言，课桌面对教师的竖式排列，使教师可以对底下的学生一目了然，学生之间的任何横向交流都不容易。这种安排自然就被孩子们认为是对他们自由的限制，他们自然就想要颠覆它。有一种理论认为教室里唯有教师与学生之间的交流才是重要的，因而除了教师-学生那二三十对双向关系，其他所有的关系都可以被忽略，但我们都知道教室里实际上活跃着学生之间的交流，眼神、窃窃私语以及互相之间的手势。教师可以期待的最好状况是，真正的知识学习能够不时地插入这种嘤嘤嗡嗡的背景中。

你指出，维持课堂纪律是教与学的先决条件，这没有错。但你没有提到维持课堂纪律需占用教师大部分精力，而且日复一日使教师站到了孩子们的对立面，他们不知疲倦的能量用来调皮捣蛋，能让人疲劳不堪、压抑沮丧，乃至完全被压垮。尽管很多人说调皮捣蛋必然有创造性能量蕴含其中，但事实上调皮捣蛋对于学习只有害处，因为它是一种退行。教师想把班级向前推进，让孩子成长；但孩子作为一种群体，想让班级退回到育儿室的混乱状态。为了跟教师想要的秩序与纪律作对，孩子们打饱嗝放屁叽叽咯咯大笑。一旦他们控制了课堂，不可能再有比一群十来岁男孩的行为更鲜明地展示了群体退行现象。

为什么会这样？为什么所有关于教学实践的讨论经常会转向控制课堂的讨论；为什么所有关于创造与维持纪律的能力通常会转向个性的奥秘：为了维持课堂纪律，教师需要强大的个性？为什么，在那些专业文献中，涉及课堂状态的心理与政治分析如此缺乏？（我之所以说"政治"，是因为教师这项工作从第一天起就面临树立他的个人权威问题；然而同时，对孩子们，至少对一部分孩子们来说，一项重要——即使是不明确——的任务就是去颠覆在他们眼里尚不具合法性的权威。）

我自己作为教师的经验主要是在高等教育阶段。我承认，大学里的讨论课与初级学校的班级相当不同。学生们的行为举止多少带有礼貌的特点。他们给予或表现出对教师专一的关注。他们似乎完全抛弃了过去的调皮捣蛋。同样是这些年轻学生，他们身上不知疲倦的调皮捣蛋精力到哪里去了？难道是因为成熟而不再捣蛋了，把调皮劲儿扔到一边去了？也许吧。可是当我的眼睛扫过课堂时，一个沮丧的念头冒了出来：调皮的孩子不在这儿。那些进入高等教育阶段的都是一些清醒稳重的人，这些人很容易接受权威，他们觉得顺从体制一点不难。调皮鬼都在别的地方，为他们自己建立别样的生活去了。

我们把碍事的石头从池塘里搬走——给自己留下容易教的"好"学生，对权威"没有问题"的学生，为了他们自身的进步压制他们的顽皮。从更宽泛的意义上说，这些学生是体制（概而言之，更是一种文化）挑选的传人，以使其本身传诸久远。

压抑是我们进步或前进的代价。但也有好的压抑和不那么好的压抑。不那么好的压抑是盲目的：我们放弃了什么事物却没有问代价是什么，然后朝着继续盘旋在空中的问题闭上眼睛：我们失去是为了得到已经到手的东西？

回顾我自己作为大学教师的经历，我在课堂上郁闷的情绪来自某种抗拒，我往往对此忽略或是视而不见。但我本该尝试理解或是反驳对方。

那些抗拒的本质是什么？它们是怎么形成的？一个有趣的解释是，这些都是学生们从入学到现在浸泡在几千个课时里的厌烦、怨气和焦躁。在他们的学校生活的后半截，我与他们相遇，就不得不承受我的前任们失败的后果了。

但是这个解释不太经得起检测。我接触那些学生是在一个常规学期的第一天，他们既不厌烦也无怨气或焦躁。

相反，他们都兴致勃勃，满怀希望，决心做到最好。无论将要出现怎样的抗拒，这些学生并未带来一段专制主人手下阴郁的农奴史。

如果我想了解这些表征下面的实情，我该向谁去咨询，在什么地方可以找到答案？心理分析方面的书有帮助吗？如果我将自己课堂上的角色重新设置为一个心理治疗师，把那些给教育事业拖后腿的负面的东西揭露出来驱赶出去，我会成为更成功的教师吗？

恐怕不会。教师与学生的关系不能跟治疗师与病人之间的关系精确类比。教师与治疗师，二者都试图想要培育人的某种成长，但很少有教师受过心理治疗的训练，或是能够像履行教师职责那样胜任心理治疗师的角色。我当然二者都不行。此外，也很少有心理治疗师将他们自己视为教师——首先，他们不会带着一大堆想要灌输的东西进入那个象征契约式舞台的诊疗室。

关于课堂上紧张与抗拒的案例，我不妨提供两种补充说明。

其一，在所有层面上，这是学习的基本问题，但尤其是在大学里，这是你应该准备好接受批评并从中学习的地方。关于学习，教师的责任既是指导者又是批评者：作为指导者，教师要求学生承担新的、挑战性的课业；作为批评者，教师评估学生的学业并提供建设性意见。在人文学科中，教师需花费大量时间阅读并批改学生作业，批评的角色占据重要位置。

在教师中间，每天的抱怨是学生几乎不在意教师的批改意见。学生（被抱怨的一方）接受了教师对他们作业的评价（批改、评分），却对如何改进忽略不顾。结果一次次的重复老一套的错误：老一套的拼写错误，老一套散漫而不得要领的谋篇布局。其结果是没有进步；没有学到什么。

拒绝接受，拒绝承担，以及拒绝对批评做出反应，学生实际上是拒绝学习。教师也许认真负责地履行了他们这方的责任，但如果学生躲避自己这方的责任，这个交易就没有完成。教师也许会要求学生重写这篇论文；但如果重写这一要求也包含了惩罚和做做样子的意思，学生又能从中得到什么？同时，教师对于学生一再重复旧错，顽固地抵触批评意见，何以不肯接受教师评判的权威，仍是一头雾水。

这样的情形一如既往，我的感觉是学生把教师分成两半了。一方面，教师是制度权威的化身，教师的评判，对或是不对，都必须接受，因为你处于只能接受的位置上。另一方面，教师是冒牌货，因为他们无法自证为值得被信赖的引导者。这个冒牌货表示，如果你来跟从我，我就会引导你，教导你。学生的回应是：我会做好规定要我做的事情——做作业，参加考试——为了得到我想要的学位和文凭，可我为什么应该信赖你呢？如果我拒绝，或者，如果拒绝的代价太大，我会以表面服从来获得通过，但在我内心深处，我继续抵制和拒绝你。

教师以为学生通过一系列登记在册的表现等于承认教师的教育权威的想法，是天真幼稚的，如同治疗师相信进入诊疗室的病人承认了治疗师的治疗权威一样。有经验的治疗师能够料想到所有以伪装形式出现的抗拒；教师也应该有此料想。治疗师所持有的优势是他/她能够以病人的抗拒为资料来进行治疗，但教师呢，即使他/她能够胜任直接处理个体学生的抗拒，也没有时间去回应课堂上所有个体的抗拒，同时又能担负传授知识的角色。

我几乎不需要逐一说明教师由于学生的评价而成为吞噬者的意象——因他的言辞后面有体制为他背书——因而危及学生的自我完善，也就是他或是她自我建构的我，学生把教师拖入某种移情的现象——通常不是直接的——也许会让教师困惑或为难。

其二，我的第二种案例在于学生方面，同样也是令人困惑的行为，类型却不同。学生没有抗拒教师，而是亦步亦趋追随教师，模仿着教师处理学科问题的方式——你也许可以称之为知识分子范儿——甚至他们特立独行的情趣。这种做派绝非嘲弄，相反学生以为这是一种门徒精神。

这样的认同也许能够取悦教师，但是对学生来说几乎没有什么好处。教师当然想被学生追随，但他也想遭遇一种我们称之为"前进路上有益的障碍"。如果学生只是让自己被教师灌输，被教师罩住——或者反过来说，以他们的幻觉将教师视为某种代表，那么就不可能有真正的受教育的体验。

我描述的这种关系肯定也为治疗师所熟知。你们如何在治疗中应对此类状况，我不知道。但是在教学中，这种状况却很难应对。你怎么向学生解释，归根结底你是想让他们获得知识分子的独立精神，因而你要他们认同你的愿景，认同你是为了脱离你？

我得在自己的经验中再加上一点，亦步亦趋模仿教师的学生，可能是极其多变的，一转身突然就无缘无故反对那个敬重的对象（这种行为在心理治疗中肯定不陌生）。这种突如其来的敌意在学生方面通常是作为曾经受蒙骗而今认识真相的征兆：尽管要求"做自己"（表达独立观点，真实面对自己的情感与反应），学生被允许的"做自己"只是在某个限定范围内，即在教师可以接受的范围内。这种指责很难申辩，因为这恰恰是真相的核心所在。

我描述的案例——第一种情况，学生拒绝接受教师的权威；第二种，学生相当趋同他心中教师的幻象——分别是两个极端。但教师如果忽略这种极端型学生，专注于不惹事的中间型学生，在我看来似乎犯了大错。事实上，我想强调的是，实际上那些似乎没有产生什么麻烦的中间型学生（他们似乎很容易跟一个个教师处好关系）并未获得真正的教育。这里需要有某种程度的阻抗；继而顺利克服阻抗，这样，学生在时过境迁回顾过往之时，可以理解自己经历的一切。

教师也需要被抗拒被追随，抗拒与追随，然后是超越，把它们甩到身后。

我不想游离我们中心话题太远，可我忍不住还是要指出，当教师成为一个屏幕上的形象时，学生与教师就难有顺畅的关系。教育是对话式的。大学离开了老式的面对面的指导，代之以预录式（录制式的）教学，从教学方法来看是大错特错的。

先把课堂搁置一边，我想对帮派问题，尤其是年轻人反社会行为的帮派，做一个最后的评述。

如果你认定我们生活在法律框架之内，那么你就不得不放弃自己的一些欲望。放弃欲望对个体并非一定有好处，但不管怎么说，对于集体而言它会是一种缓释。

生活在和平有序的社会是一种福分。只是对于某些人来说，和平有序的代价太高了些：他们不得不放弃过多的自我，或是他们感觉中的自我。

　　社会总是让成群结伙的年轻人惹出麻烦，反过来，成群结伙的年轻人也觉得自己与社会格格不入。我们不应该剥除对这些年轻人的同情，我们其实应该与他们互相理解。可是他们也许不太像是一个群体，他们的人生处境并不令人羡慕。在大部分群集生活中，生物与人类都不需要大量未成熟的雄性。从最黑暗的角度来揣测，战争就是一种让年轻雄性自相残杀的社会机制。

　　通过对帮派与狼群的比较，也许颇能说明问题。我谨以这种联想姑妄言之——我不想看上去是在声称人类帮派类似进化中的返祖现象。但是一头孤狼无异于离了水的鱼。狼也好，鱼也好，还有许多其他动物，引起心理学的关注仅仅是因为它们的群体性。孤独的、沦为个体的动物，归于个体心理学就没有什么可说的了。

　　假如我们不是站在帮派之外，不是站在帮派的感情世界之外，也许我们可以同情地投射于这一感情世界，并试着理解帮派运作的心理逻辑，继而，我们也许会进入一个目前似乎难以想象的开端：群体心理学本身证明了群体的心理历程。

◆

　　AK——你描述的投射于教师的那种强烈的易变的情感，反映的是心理分析学称之为"移情"的结果，是生命初期激情四射的力比多附属物直接映射于对象的方式。当然，移情反应并非只是发生在心理诊疗室中，它们是日常生活的某种特征。但是在诊疗环境中，治疗师被许可准确说出这些无意识反应，并尽力给予理解。很重要的一点是，不能在没有明确许可的情况下解读移情反应——所谓许可，举例说，就是病人同意进行心理治疗。

　　在非心理治疗的环境中，可以尝试对移情反应的理解，而不是直接利用它们的方式。广义上说，教学环境中的此类应用也许包含下述内容：（1）通过某类特定学生或班级的表现以加深理解，为自己验明移情的本质；（2）确信你无法与这类表现共处——既无法适应也无法对抗；（3）在所处环境中改变自己行为举止，以培育某种更切合课业要求的人际关系。

　　你在大学的教学经历类似于弗洛伊德的治疗背景。他最初考虑到病人强烈的个人反应，在治疗早期，女性病人有向男性治疗师表达浪漫渴求的欲望，这会成为治疗中完全不相干的障碍。但他逐渐确信这种情欲是真正了解病人的不可或缺的内容——当然，就人际关系范畴而言。确实，假如移情反应不能表现出来（可以证实它总在那儿，即使被隐藏了），心理分析的治疗就不能有所作为。心理分析这一行对反移情（counter-transference）回应的认识也沿循类似的轨迹（心理治疗师对病人的情绪反应）。弗洛伊德和克莱茵两人都将反移情视为正确的心理分析的阻碍，应当分别通过对个人的分析训练方式来处理。1952年，保拉·海曼发表了一篇大胆而富有启迪的论文，敦促她的同行更多重视病人情感反应的价值，她认为："反移情是研究病人潜意识的工具。"（见书末参考文献15）。

通过移情这一媒介，病人带出早期经验的一些特征，这些必须被考虑为克服他们困难的关键，但因为这些特征与精神痛苦相关，总是被压抑或是不被有意识地接受。这些特征作用于病人，而并非作为他们的记忆。移情是人际行为的记忆表达。因此，移情是一种非常密集而复杂的现象：它导致核心问题一再复现（如我们所见，困惑的人们与他人之间一再重复的有害的相处方式），同时也提供与这些问题在本质上格外有效的交流。它表达了失望，通常带来令人束手无策的叙述模式，同时病人也希望通过这一模式向治疗师表达他们真实而即时的情感困惑。

当然，在这种方式中，被体验的交流——是以某种郁积的心境，还是可能被理解的希望与信心——需要区别对待。

移情是一种直接的、通常作为象征性思维模式的深度体验，尽管它很少被认为是这样，因为它基于毫无疑问的事实，是病人与治疗师之间现场即时交流的产物，而且并无别人在场。于是，治疗的一个重要工作是探索构建移情的联想环节。欲望的转换从具体到象征。移情反应并不一定需要消失，但目的是使病人了解自己内心剧情的关键人物，以及他们给当下的体验赋予意义的象征性关联。

其他无意识流露的象征性模式或是联想性思维——梦、玩笑、口误——移情作用体现为相反的方式。都是既想被人知道又不想被人知道。（这个说法的矛盾之处在于无意识具有意识的能动感，但此处我们面对的是语言限制。）它给治疗师一个处理问题区域的机会；因为病人可以借此将核心隐藏在深层的困难以生动和完整的形式呈现给治疗师，但它这种自我呈现方式也导致给问题的真实本质戴上了假面。

所有这一切都很容易落入移情的还原视点，某人过去经历中的重要人物被投射到治疗师的"黑屏"（blank screen）及心理治疗的情形中。在这种心理模式中，治疗师仅仅作为病人意识中的另一个人，成为直截了当的替身。但我希望，我们都成为比这更出色的艺术家。我想到莱考夫与约翰逊里程碑式的著作中关于日常使用的隐喻。（见书末参考文献16）。书中提到关于两个不同对象如何（以及何时）借由新的可能性而关联到一起，比如探究二者特性（如，奶酪有如月光般的特性与闪闪发亮的新鲜奶酪）与隐晦而产生关联的其他特性（月亮的蓝色，奶酪的黄色），因其特定的关联而隐藏在意识中的意象，被重建并置于其他关联之上。

对于治疗师来说，这种方式非常有助于意识的象征性作用——袒露与遮蔽，人的两个不同方面，作为精神的代言并借以表达自身，受诸任一时间点有意识与无意识之间互相作用关系的驱动。

心理分析的叙述，尤其是涉及移情理论，可以被视为一种不幸，人们之间客观交往中实际目标被分解了。这就是人们第一次接触这些观念时的反应，之前他们对其中潜在的深度尚未有所了解，只是得知对心理治疗联系利用无意识交流来帮助处于压抑与困惑中的病人，可以借助旁人来理解他们自身，可是最终，据我所知，心理分析学提供的人们互相关联的引人注目的理论，是一种着眼于人们如何代表他人感知事物的理论，人们如何借助他人来认识自己，其实就是为了弄清楚他们自己是怎么回事。

我想，这就道出了混淆的创造性价值。事实上，这是最佳形式的喜剧性叙述。

11

ELEVEN

一个理想社会，其公民的虚构自我能够彼此神奇地啮合在一起。阅读的现象学。作者与读者作为内在对话者之间的关系。课堂上的业余心理治疗的风险。教师可以从心理分析学中学到什么。

W.G. 塞巴尔德论个人与历史真实的本质。他的小说《奥斯特利茨》。主人公奥斯特利茨与其历史身份的缠斗。塞巴尔德对于我们可以自由捏造自我与他人的观点的矫正。着眼于自我理解的心理分析学在过程中的作用。塞巴尔德关于视野限制可能导致更深刻的见识的悖论。

青少年时期的奥斯特利茨竭力忘记（压抑）与父母与自己过去分离的创伤。为什么成年奥斯特利茨没有寻求心理治疗帮助的不解之谜。形成奥斯特利茨的历史模式中的叙述角色。压抑的退行，以及作为坚持这种退行的必然性的类型小说的支撑点。

◆

JMC——你认为，我们彼此错置身份认同，以人生为代价致力于走向自我理解，是一种喜剧。也许是这样；可这不也是悲剧吗？我们不正是盲人骑瞎马那样可笑地向前走去？

在我们的交流中，你和我兜了一个圈子。对于我们可以学着"做自己"的信念，你似乎毫不含糊。我问自己，有那么简单吗？在我看来，如果我们可以在虚构中安置自己（我们或多或少也能舒服地栖居其间），虚构与周围人互不干扰的虚构故事，那就足够了。事实上，那可能就是我理解的好社会，甚至是一种理想社会：一个理想社会中的每一个人，对于我们自己的虚构（幻想）都不会受到质疑；而且，伟大的莱布尼茨式的主导力量负责保证所有数十亿个体虚构的无缝连接，以至于我们没有人需要在夜晚醒来时焦虑地思索我们所居住的这个世界是否真实。

我最近刚好听到女演员朱丽叶·比诺什在拍摄一部影片时的谈话，她说（在我看来似乎很勇敢）她与导演之间需要一种情欲关系——若非如此，工作便会受挫。她赶快又加了一句，说她这话的意思并非两人要上床。但这位女演员确实情愿把自己交给导演，融入他的想象之中；反过来也是一样。她未做进一步的详细阐述，但不论是否有意识，她清晰地回顾了柏拉图关于教师与助手之间关系的论点：是爱神厄洛斯激发了教与学的活力。

移情理论和反移情理论帮助我们——我这里说的"我们"，并非指你和我，亦非指旁观者或评论者，而是自愿参与其事的双方——以某种有意识的方式理解房间里（诊疗室、摄影棚、教室）发生的事情。

当然，在教室里发生的事情是讲授与学习；不过，在我看来，学习的观念，只有当它包括了一步步把握过程的理解，才能说是具有充分的人文含义。这就是我对远程教学——师从一个并不了解我这个特定的个体存在的教师——持怀疑态度的原因。当然，我并不是宣称远程教学一无可取。这或许也是一种知识的传递方式；对学生而言，甚至可能是一种知识的光源。但是作为学习活动，它还是被截去一段了。学习体验的精粹在于，感觉到超越自己的成长，把过去的自我留在了身后，成为一个新的、更好的自我，那是一种心醉神驰或是狂喜的状态，这事情要么不来，来了就让你飘飘欲仙。

当然，马上就有问题来了：如果远程教学终归是不完整的教学方式，那么如何看待阅读呢？难道书籍不是大老远地来到我们手边吗？难道我们不能从书本上学习？阅读是否真的能让你飘飘欲仙？

我不想离题太远，但阅读似乎需要某种它自己的现象学分析。有一种死读书，也有一种活读书。死读书，那些词汇在书页中从来不会产生意义，这是许多孩子的阅读体验，如他们自己所说，那些孩子从未养成爱上阅读的习惯。通过死读书，死记硬背的方式来学习，也不是不可能，但这本身就是一种沉闷的、索然无味的体验。另一方面，活的阅读，会像一种神奇魔力一下子把你击中。它包括用你自己的方式走进去，聆听书页里发出的声音，那是对方的声音，沉浸在这声音里，你可以从外部对你自己说话（你的自我）。于是，这个过程就成为一种对话，尽管它只是内心的对话。这是作家的技艺，这种技艺现在已无处可学，虽然还能被捡起来：创造一个形象（一个会说话的幻影），提供一个入口，让读者沉浸于这幻想之中。

（类似读者与读者想象中的作者之间的对话，在活的阅读中，就是作者与作者想象中属于写作体验的假想读者之间的对话。这就是说，某些人，某些读者的幻象，作为对话与倾听的语言从书页里走下来了。）

你非常严格，非常专业（就维护专业的严谨而言），你对教师在课堂上实施业余心理分析的谴责，我肯定你是对的。学生处于弱势的一方。如果教师不知道他或是她在做什么，学生就可能表现出困惑和大受伤害。但课程的引入并不只是些许的知识——在这个案例中是些许心理分析理论知识——某种危险的东西。课程学习有赖于其他。

想想我之前描述的两种案例中后边那一个，就是学生奴隶般亦步亦趋模仿教师，结果什么都没学到。遇到这种类型的学生，许多教师大抵会指出，他们未能理解需要自己证明的知识分子的独立性，乃是阐发自己思想的能力；因而，当少数几个缺少想法的思路被阐述出来，不经确认就总结出这个学生只是二流资质，这就撇下不管了。

教师在这种情况下未能看到——确实，也许认为不值得他们关注——为什么，作为一个人，在心理学层面上，学生只是机械模仿式的学习，而不是真正在学习。为了纠正学生——更准确地说，为了引导他们摆脱绝境——需要更多的思维和教学法技能，而非仅仅解释他们哪里做得不好，下次应该做得更好。这可能需要与他们一起花费一段时间，在这段不受指导的时间里，让他们聊聊各种不同的话题，让他们明白你对他们的想法感兴趣，即使你恰好不同意这种想法。用某些教育学家的说法，这可以被称为建立信心，但我觉得这不是正确的分析。你要做的是让学生跟你一起，在人性层面上取得更充分的建树，少一些幻象，多一些复杂，那么就有了（我希望）更真实的人物形象，只有逮住这样的形象，在下一次论文写作中，他们才能与教师进行引人入胜的对话。

这就是纠正学生"问题"意义上的"工作"方式？当然不是。这个"问题"不可能在半小时的谈话中得到解决。不过也许，经过五年乃至十年，在细雨润物的过程中，学生会明白为什么教授在课上解释得如此之少，而又令人费解地表现得如此友好，也许在那一刻，他们会形成真正的（即便是迟来的）对学习体验的深刻理解。

给予学生时间，似乎没有内容安排的时间，并非一种真正的治疗，无论从专业或是其他角度来说。它既不能纠正任何学生的"错误"，也不能将一个"糟糕的"学生变成一个"好的"学生。不过确切说来，它也不属于教学范畴，除非给予学生的那段时间是弗洛伊德式的精神分析，借此我想说的是它并非对错觉的忍受，以为那个房间里仅有两部分人，教师与学生，教师"自己"和学生"自己"。在弗洛伊德的空间，来自过去的幽灵总是与你如影随形。

◆

AK——我想最后讨论一下 W.G. 塞巴尔德的作品，尤其是他的长篇小说《奥斯特利茨》，小说是在他不到六十岁时死于一场车祸之前出版的。如果说那些有理由思索灵魂拷问的潜在复杂性的读者都应该读读陀思妥耶夫斯基，塞巴尔德则适用于所有的读者——作为心理治疗或是其他效用——它关系到我们的主要论题，我们不断回溯的这个主题：人的天性与历史的真实。

这位中心人物，奥斯特利茨（这并非他的真名实姓），他基本上是神秘的、未知的与不可知的——他对自己的了解不比别人对他的了解更多。我们确实知道他和他的个人历史（与第二次世界大战的历史关系密切），通过他的遭遇以及跟一个叙述者的对话，我们知道了这一切，关于那位叙述者，我们所知甚少。阅读这样一本书，你会有一种错误印象，以为你在逐步地一点一点地开始熟悉奥斯特利茨这个人。当然，奥斯特利茨总是通过作为中介的叙述者出现在你面前，叙述者把我们的注意力引到他的研究主题上，例如，在冗长的对话之后出现的那些笔记，就是尽可能不让人忘记这一点，但事实上奥斯特利茨只是最后才作为精心结撰的人物出场（塞巴尔德结撰的，叙述者结撰的，读者结撰的），它告诉我们，一个 20 世纪中期的中欧男人被裹挟进那种剧烈动荡的大事变中的命运，很像是我们自己对这种情形的想象、确认和先入为主的臆想。

我们被奥斯特利茨告知（通过叙述者），第二次世界大战期间，他父母把五岁的他从捷克斯洛伐克带出来。在威尔士，他由一对加尔文派教徒夫妇抚养成长，他们叫他戴维·艾里亚斯，对他之前的生活守口如瓶。这是奥斯特利茨向叙述者讲述的故事，而那位叙述者对于检索他离开捷克斯洛伐克前后的童年经历极有兴趣，他们对于这个过程的研究与检索相当于对历史内容的回顾。

　　你在论说教学关系时，让我想到书中的一个特定片段，奥斯特利茨小学里的历史老师注意到他的天赋和他对历史的好奇心，奥斯特利茨也认为那位历史教师是自己的良师益友。这位教师名叫安德烈·希拉里，曾陪同奥斯特利茨去牛津郡参观历史遗迹，后来奥斯特利茨在牛津大学深造，而希拉里则成为一名建筑史学者。

　　奥斯特利茨，在他陷入身份辨识危机时，肯定采用了他老师的形象作为参照物，但这却是部分意义上的退行，甚至使他离自己的真实感更远了。"奥斯特利茨"这第二个化名是他学校的校长给取的（他从此开始被称为"奥斯特利茨"，而不是"戴维德·埃利亚斯"），而希拉里在全班面前宣称，这一名字因为"奥斯特利茨战役"那个历史事件而具有伟大的历史意义，那是拿破仑战争中的一场战役。奥斯特利茨非常高兴自己能够与法国宏大而自吹自擂的帝国历史发生关系，但这种历史与他捷克斯洛伐克犹太后裔的身份自然相去甚远。

现在，借由塞巴尔德的帮助，我可以回应你在心理分析意象方面受挫的问题之一，或至少给出我的说法，特别是超越无意识的认识自觉的份量，还有人类知识与能力表达的受限制感。我想，从你的观点来看，关于我们对于自己和对于他人的认识，很不幸有着极大的局限性，我们不得不努力扩展我们几乎不具有的实际知识和理解力。我对此当然深有同感。但如果有人认为我们可以努力尽其所能去做出理解，因我们已置身于全盘计划中，认为这既令人惊讶也令人愉悦，那就把问题引向错误方向了。塞巴尔德帮助我们把这种思维推向了深处，他以叙述方式表达了一种观点，不管我们如何脆弱，有盲点，疾患缠身——身体上的抑或是精神上的——在进入理解与洞察活动时，却正因为有了这些弱点与毛病。

围绕着《奥斯特利茨》的形象是如此迷雾重重、朦胧不清，因此在历史的色彩与特点中展开的发现之旅，无论是欧洲主舞台还是奥斯特利茨的早年生活，给人的印象都像是从黑暗中浮现出来的。它们定格于此，所有更为明亮的光芒都由此而来。小说充斥着对身体疾患的描述，甚至到了那种程度，可以相当肯定在得悉任何创造性行为之前，得悉知识分子或是身体力行的故事之前，你所知道的只是疾病或是肌体无能，或者，反正就是极其令人不安的艺术家、知识分子和麻烦缠身的演员。书中前面部分有些令人发噱的关于视力问题的描述。至于那位叙述者，如我所说，我们对他几乎一无所知，他设法告诉我们第一次遇见奥斯特利茨之前去看眼科医生；时隔二十年后再次见到他——当然——在他幻觉的边缘。

从《奥斯特利茨》这本书里我得到什么信息呢？我得到的是这些：我们所有的人当然都有许多局限与残缺，有弱点及盲点，它们遮蔽并扭曲了我们对自己及周围世界的理解。也许值得注意的是并不是我们视野受限，而是我们要洞察一切。确实，理解我们是谁，以及我们所处的周围环境，在某种程度上是要放弃追求完美视野的欲望。认知——至少是塞巴尔德感兴趣的那种认知——得之于放弃认知的目标。

书中有一些很有意思的细节描述：叙述者告诉我们，过去的歌剧女演员使用颠茄滴剂来滴眼睛，使之在舞台上显得双眸清澈闪亮，以掩饰她们事实上的两眼空空。那种颠茄滴剂是她们致盲的主要原因，但它能使演员具有完美的外表以及闪亮的目光，因而得到高度的认可并获得观众理解，遮蔽了舞台上作为权宜之计的失真。相比之下，如果不拘算计和理性操控的心愿，你对某些具有激发性和深具见识的观点——尤其涉及情感与创造性方面，就会表现得更为开放。

作为一名艺术家，你必须了解这一切。创造的路径与心理治疗进程已在另一点上交汇。

◆

JMC——感谢你将《奥斯特利茨》引入我们的讨论。塞巴尔德不想把自己的作品称为小说，但《奥斯特利茨》显然就是一部小说，而且，是晚近以来最重要的一部小说。在塞巴尔德的人生背景中，我视之为一项过程性工作，一项与历史妥协的计划，在他写下可有可无的最后几页时尚未完成。因而我对此书的困惑比你更甚，当然不能确定它是否向我们提供了智慧或是某种指引。

尽管我很推崇这本书，但我承认自己以往曾为《奥斯特利茨》大伤脑筋，至今仍纠结不已。此书质地绵密而紧凑，总体信息量之大几乎让我透不过气来。如此绵密而紧凑的信息，我想大概让"奥斯特利茨"本人也透不过气了。但小说情节却是清晰明了，并足够简单，或至少看似简单。一个小男孩被住在威尔士的埃利亚斯夫妇抚养长大，他用过戴菲德或是戴维德·埃利亚斯的名字。他被送到一所寄宿学校，在那里有一次他被告知自己的真实名字叫雅克·奥斯特利茨。后来他发现这也不是自己真实姓名：他父亲名叫阿伊兴瓦尔德。到这儿，差不多是这样，全书就这样结束："奥斯特利茨"想更多了解阿伊兴瓦尔德的时候，后者已在大屠杀中罹难。

我扼要的看法是，小说的情节并非始于捷克斯洛伐克（那是埃利亚斯／奥斯特利茨／阿伊兴瓦尔德的出生之地），而是威尔士；因为这个男孩就是在那里开始遗忘，也就是他自己开始遗忘捷克斯洛伐克了。他直到三十多岁都没想起自己的出身，这时出现了一个奇怪的突发事况：他似乎看到一种异象，一个孩子坐在伦敦火车站候车室里，后来意识到这孩子就是他自己。这个异象导致了包括记忆丧失的精神崩溃。他为此很长时间寻医问诊，只为了在治疗的慰藉之后再次"做回他自己"，就像苗圃里的植物重复生长。

故事快要结束时，他在巴黎又经历了一次崩溃。这一次他要通过阅读和重温那些起源于18世纪的草药疗法小册子来回溯过去，那是一些针对精神压抑的秘籍。

我要阐述的第一点："奥斯特利茨"遭受着某种痛苦，我们可以给出最接近他症状的名词是压抑，一种保护自己逃避无法承受的过去的策略。他做戴维德·埃利亚斯时并不开心。后来成为雅克·奥斯特利茨时也不开心，然而平凡快乐的外表——只是作为一个正常人——经不起拦蓄在内心的记忆重荷。记忆在候车室里决堤而出，而且（估计是）再次压抑的努力导致了他第一次崩溃瘫痪。

"奥斯特利茨"遭受的精神创伤是毫无征兆地出现了自己父母、语言和出生地的问题，也毫无解释，而且他被寄养到一个陌生地方（威尔士），成为完全的陌生人的负担。在更深层次上，他的创伤还由于恍惚得知，自己是家庭乃至总体上被灭绝的中欧犹太人的幸存者。在个人层面上（作为一个男孩），以及在象征性层面上（作为大屠杀的幸存者）他需要帮助和治疗。心理分析学的精神治疗对于他似乎是量身定制般的合适。生活在 1960 年代的伦敦，他也可能缺少勇气。但是书中没有提到心理分析。"奥斯特利茨"发现两次治愈自己的方式都不怎么高深，却是简单易行，与精神分析理论并不相干。你可能不由自主地这样来推测塞巴尔德：如果有针对奥斯特利茨式的疗愈法，它也不会是由心理分析学家提供的。我猜测心理分析学不能（以作者塞巴尔德的观点）提供帮助，是因为心理分析学与历史无关（我必须加上一句，我不了解塞巴尔德对于心理分析学的想法）。

"奥斯特利茨"不愿回想的，当然是他旅途中在火车站候车室里的那一幕，当时他四岁，是从纳粹那里逃出来的难民，以戴维德·埃利亚斯的身份，从自己的家乡布拉格到威尔士某个村庄的途中。而且，如你指出的，第二次崩溃与第二次虚构的崩溃有关，这个虚构就是雅克·奥斯特利茨的身份，这是他从上学开始使用的名字——与1805年的奥斯特利茨战役无关。到他使用奥斯特利茨这个名字为止，他与拿破仑式的英雄壮举没有任何关系，倒是现世的巴黎奥斯特利茨车站更有关联，它与大规模的调拨、编目，以及被杀害的法国犹太人财物的处置有关。

所以我要说的第二点——似乎不太重要——是历史教师希拉里激起他对历史的兴趣，确切地说是向他指示错误的寻根地点而误导了他，或者至少是误导了他的名字的出处。希拉里教给他的是错误的历史。

第三点我想回顾一下，作为读者，对《奥斯特利茨》感觉难以承受的地方。书中让我感到难以承受的威胁，即铺天盖地的细节描述，它也威胁着"奥斯特利茨"的精神稳定。一旦受伤，创伤被重新揭开，就可能被陷入滔滔不绝的倾诉。

"奥斯特利茨"控制着汹涌而来的记忆（最宽泛意义上的记忆，其中包括欧洲的历史记忆），他的方式是尽可能把它们编制成可辨识的纪事年表。或一整套年表集成（他自己的生平叙事，他的历史研究叙事，在可复原范围之内他母亲的生平叙事，等等）。也就是说，"奥斯特利茨"模拟塞巴尔德所为，他创造了一个人物（无名的）遇见一个名叫奥斯特利茨的人，他在一系列猝然打开的篇章中，将自己的故事告诉他。

所以，我们要提出关于此书结构形式的问题，尤其是叙述者的问题。为什么书中需要一个叙述者？为什么不是干脆就让"奥斯特利茨"来叙述？

关于叙述者的答案是，他肯定不是一个犹太人。而且，他还是一个德裔非犹太人，大致与"奥斯特利茨"生活在同一时期，也移民到英格兰。这人要说不知道"关于"大屠杀的事情那也太愚蠢了。可是，我们在《奥斯特利茨》读到的故事，是一个人被告知大屠杀故事的故事——更特别之处在于，这是一个试图阻止却未能成功阻止大屠杀的故事；曾尝试过却未能成功植入（很快就扔开了）历史书的故事。如果说大屠杀对于叙述者并非活生生呈现的一幕，"奥斯特利茨"就是叙述者压抑于心却时时萦绕于心的研究成果。

于是，这就到了我要说的最后一点，这跟我们的对话开始扯到奥斯特利茨时我提出的问题有关。那个戏剧性的"雅克·奥斯特利茨"叙事轨迹由压抑之后跟随危机而来的真相泄露构成。可是为什么"奥斯特利茨"产生最初危机的意象是在利物浦街车站的候车室里？为什么他不得不面临此种危机？

平庸的回答是，这个意象让他心里的疑问升腾起来了，没有这种疑问我们就没有这本书（在最初的英文版第一页中，罗宾逊·克鲁索问自己，为什么我们不能满足于舒舒服服地随大流生活，为什么我们要冒险走进这个世界，为什么我们被驱使着成为"毁灭自己的工具"。这些问题古老得如同小说本身一样，也许还古老得如同讲故事一样：它让故事活起来了）。

对于我的问题，为什么"奥斯特利茨"有他的意象，这个问题的在塞巴尔德的书中自有答案，就是被压抑记忆的退行。

然后，我进一步的问题是：如果被压抑的意象并不回归，那会怎样？如果，对于每一个年轻的戴维德/雅克，在他们脚下，这些故事支撑着他们免于崩溃，而还有另外的戴维德/雅克却从来不为自己是谁这个问题而纠结，舒舒服服地过着随大流的生活，却被裹进那些据说是他们自己的故事里了，那会怎样？

我们听到的许多案例可以证明，被压抑的记忆无论如何总会回归，要争辩此说是否正确没有必要，因为我们没听说过的案例，就不存在回归之说。

  要创作一部这样的小说，人物自始至终的整个人生完全由虚构支撑，那是很困难的，也许是不可能的。我们完成一部小说毕竟离不开那些虚构。作为一种体裁，小说似乎在其主张中具有某种本质性的东西，即事情并非表面呈现那样，我们表面上的生活其实并非真实的生活。至于心理分析学，我得说，它与小说在这方面有某种相似之处。

参考文献

1. For a fuller account of Melanie Klein's ideas on the paranoid-schizoid and depressive positions the reader is directed to Chapters 2 and 5 of Hanna Segal, *Introduction to the work of Melanie Klein* (London: William Heinemann, 1964).

2. Neville Symington, 'The analyst's act of freedom as an agent of therapeutic change', in *International Journal of Psycho-Analysis* (1983), vol.10, no.3, pp.283—91.

3. The reader is directed to the account of Wilfred Bion's theory of containment in Chapter 16 of James Grotstein, *A Beam of Intense Darkness: Wilfred Bion's Legacy* (London: Karnac Books, 2007).

4. Hanna Segal, 'Reflections on Truth, Tradition and the Psychoanalytic Tradition of Truth', in *Imago* (2006), vol.63, no.3, pp.283—292.

5. Isabel Menzies Lyth, 'Social systems as a defence against anxiety: An empirical studyofthe nursing service of a general hospital', in *Human Relations* (1960), vol.13, pp.95—121.

6. D.H.Lawrence, 'Fenimore Cooper's White Novels', in *Studies in Classic Americam Literature* (New York: Viking, 1964) pp.35—36.

7. Isabel Menzies Lyth, 'A Psychoanalytical Perspective on Social Institutions', in Eric Trist and Hugh Murray (eds), The Social Engagement of Social Science, Volume 1, The Social-Psychological Perspective (London: Free Association Books, 1990), pp.463—475.

8. W.R.Bion, *Experiences in Groups* (London: Tavistock, 1961).

9. Eugène N. Marais, *The Soul of the Whin Ant* (London, 1938) and *The Soul of the Ape* (London, 1973). The former book appeared first as a series of articles in Afrikaans periodicals berween 1923 and 1925. The latter, unfinished at the time of Marais' death in 1936, was published posthumously.

10. *The Report of the Mid-Staffordshire NHS Foundation*

Trust Public Inquiry, 6 February 2013.

11. Ronald Britton, 'The missing link: parental sexuality in the Oedipus complex', in Ronald Rritton, Michael Feldman and Edna O'Shaughnessy (eds), *The Oedipus Complex Today: Clinical Implications* (London: Karnac Books, 1989).

12. Thomas Nagel, 'What is it like to be a bat?' (1974), in *Mortal Questions* (Cambridge: Cambridge University Press, 1991), pp.164—179.

13. Donald Winnicott, 'Ego Distortion in Terms of True and False Self', in *The Maturational Process and the Facilitating Environment* (London: Hogarth Press, 1995), and Donald Winnicott, *Playing and Reality* (London: Routledge, 1971).

14. Anne Alvarez, 'Play and the imagination: where pathological play may demandamore intensified response from the therapist', in *The Thinking Heart: There levels of psychoanalytic therapy with disturbed childron* (London: Routledge, 2012).

15. Paula Heimann, 'On Counter-Transference', in *International Journal of Psychoanalysis* (1950), vol.31,

pp.81—84.

16. George Lakoff and Mark Johnson, *Metaphors We Live By* (Chicago: University of Chicage Press, 1980).

术语汇编

防卫与防卫机制（Defences or Defence Mechanisms）

这是一个概括性术语，用于描述人类心灵为了防卫自己免受创伤的反应方式。这种心灵创伤部分或全部始终处于无意识状态。防卫机制的类型使用取决于个人发育阶段，人格个性及体质，也取决于人们在遭受精神压力时修正或逃避的性质与程度。防卫也许会在一段时间内被使用，接下来，当不再需要防卫时，它会降低程度或被放弃，在这种情况下，防卫机制充当着保护与促进发育的角色。反之，它就会始终傍于人身，即使是不再被需要时，在这种情况下，防卫机制可能会成为向前发展的阻碍。

心理内摄（Introjection）

内摄是一种心理过程，凭借某个重要人物或事物，或是全部或是部分地被摄入自我当中。内摄可能是得以建立积极关系或产生积极影响的方式，它也可能代表了一种不健康的抵御分离的焦虑与失丧感。内摄合并的具体模板：被摄入的，也就是说，被合并的，吸收的，成为自我的一部分。

恋母现象或恋母情结（Oedipal Situation or Oedipus Complex）

在现代心理分析思想中，恋母现象发生在儿童成长的某个阶段，当二者关系中的排他性被放弃，这时孩子可以开始考虑真实环境，并与双亲建立情感联系。恋母情结是一种普遍现象，并非取决于核心家庭的环境。最初，孩子希望完全独占母亲或主要抚养人。但是到了某一最佳发育阶段，他渐渐清楚事实上母亲是唯一依附于父亲的（或是她拥有的），是他们带来了家庭。如果母亲对她自己的成人关系或行动的需求与欲望不被接受，孩子的成长就会受阻，致使他们退回到跨代伴侣的范围内，很难具有自主的性自认（sexual identity），乃或成年期间亦难以妥善地发展亲密关系。

根据弗洛伊德心理学理论，恋母情结是三岁至五岁的性器期（phallic stage）阶段最强烈的体验，随后在所谓潜伏期（latency period）受到压抑。它在青春期全力回归，这一情结的成功解决，标志着能够与父母分离，形成自己的身份认同，作为自主独立的个人来选择性伴侣并享受性生活。

病人罪犯（Patient-Offender）

这个名词是指那些被判犯有罪行的人，但被法庭送往监禁的心理健康机构进行治疗，而不是在普通监狱服刑。

投射（Projection）

投射是一种原始的防御，一个人下意识地要摆脱自身不良的思绪、动机、欲望或情感，而将其赋予外部世界，通常是其他人或事。这是一种很常见的心理策略，我们所有人都不同程度使用过。在临床状态，是以恐惧症的形式，表现为无法承受的负面情绪被否认，并重新安置到自我以外之处，以妄想症形式出现。两人在共情基础上的交流，一方投射，另一方接受，就有可能产生心理映射，这样一来，对自我某一部分的否认情感就有可能发生。

现实原则（Reality Principle）

根据弗洛伊德学说，在潜意识心理，某些享乐原则刺激而产生的欲望经常遭到另一个相反的力量的监察。弗洛伊德称后者为"现实原则"。我们每个人都具有这个力量，用来统制我们潜意识里那些无法无天的要求，并设法改造它们，使之适合周围的现实世界。作为意志的自我角色，协调主观享乐与外部现实世界之间的矛盾。

退行（Regression）

退行是回到心理历程或发育早期的某一阶段。当人感受到严重挫折时，放弃成人的方式不用，而退回到困难较少、较为安全的时期——儿童时期，使用原先比较幼稚的方式去应付困难和满足自己的欲望。完全放弃努力，让自己恢复对别人的依赖，从而彻底逃避成人的责任。而临床上歇斯底里和疑病症常见这种退化行为。短时间、暂时性的退行现象，不但是正常的，而且是极其需要的，对于心理治疗师来说也很有帮助，因为它为治疗师打开了病人的经历，通常标志着病人无意识地回到了生活中某个特别困难的阶段。但是，如果病人卡在退行过程不再前行，也会成为一种障碍。

强迫性重复（Repetition Compulsion）

强迫性重复，描述了人类心理重复无意识的创伤经历（通常来自早期童年时代）的倾向，是表示对创伤体验有意识地加以控制与把握。所以，有问题的童年关系经常会在成年后以伪装的形式重现，只有成年后能够理解这种创伤经历的本质及来源，才能够修复这种无意识的重复。

压抑（Repression）

压抑属于典型的心理防卫过程，当一个人的某种观念、情感或冲动不能被超我接受时，下意识地将极度痛苦的经验或欲望潜抑到无意识中去，以使个体不再因之而产生焦虑、痛苦，这是一种不自觉的主动性遗忘（不是否认事实），但它们会本能地回归，以伪装的形式。压抑是防卫心理的普遍形式，占据心灵大部分的无意识压抑下的经历，是完整人格的一部分。这一术语经常用于指代普遍性的心理防卫，它在其他心理防卫中也扮演着重要角色。

抗拒（Resistance）

病人阻碍诊疗师对其无意识情感及动机认识的任何言辞与行动要素，都可称为抗拒。抗拒本身通常是无意识的。抗拒可能被证明是内在的抵触，而表现为病人在就诊时的方式或外部的举止行为。二者都表明病人不愿面对难以承受的精神痛苦。

社会防卫机制（Social Defence System）

这一防卫机制在某个组织或社会群体中产生一个时期之后，通常在其内部显示为群体惯性的中位意向，用于保护个体免遭心灵痛苦或不适。但是，不去面对这种痛苦，群体——作为公共事业尤其如此——也许会发现由于这方面的伤害很难实施它的任务。

分离（Splitting）

分离是防卫的原初形式：一个人或是一种客体被认为是分裂的，非黑即白的关系，因为更复杂的认知与模棱两可的反应可能会危及个体的认同感。典型的例子是对于个体很重要的某个人物以强烈的正面形象出现（这个人物被理想化了），尽管渗入了负面感觉，引起压抑与沮丧。只要抹去那些负面感觉，分离被坚持，这种理想化而并不现实的关系就能维持下去。

超我（Superego）

在弗洛伊德的意识模型中，超我是对意识与道德功能的回应。是人格结构中的管制者，由道德原则支配，属于人格结构中的道德部分。在弗洛伊德的学说中，超我是父亲形象与文化规范的符号内化，由于对客体的冲突，超我倾向于站在"本我"的原始欲望的反对立场，而对"自我"带有侵略性。超我以道德心的形式运作，维持个体的道德感、回避禁忌。超我的形成发生在恋母情结的崩解时期，是一种对父亲形象的内化认同，由于小男孩无法成功地维持母亲成为其爱恋的客体，对父亲可能对其的阉割报复或惩罚产生阉割情结，进而转为认同父亲。社会文化的行为规范和道德期待，是形成超我的动力。

移情（Transference）

移情是一种无意识心理活动，将早期关系中的情感重新指向现在的某人——在心理治疗的案例中，这个某人一般是治疗师。移情在不同背景的就诊者身上都可能发生，因为治疗师会触发就诊者的童年记忆中的困难与压抑。当来访者的情感达到一定强度时，他们会失去理性的客观判断力，移情至治疗师，就好像治疗师是他们生活中的重要人物一样。移情本质上是一种自我保护的反应，借此保护个体免受真实来源与情感的伤害。移情在心理治疗中尤其受到重视，因为它直接而丰富地提供了早期关系的信息，否则几乎找不到诊治的路径。完成移情，即理解其本质并建立更为现实的关系，是精神分析中心理治疗的重要工作。